UN GRAND STATUAIRE

DAVID D'ANGERS

SA VIE — SES ŒUVRES

(6e Série.)

UN GRAND STATUAIRE

DAVID D'ANGERS

SA VIE — SES ŒUVRES

PAR

SON FILS

Ouvrage orné de trente reproductions.

PARIS

SOCIÉTÉ D'ÉDITION ET DE PUBLICATIONS

13, RUE DE L'ODÉON, 13

PRÉFACE

Un fils peut-il, sans être partial, écrire la biographie de son père? C'est la question que je
me suis posée lorsque j'ai commencé ce récit
rapide de la vie de David d'Angers comme
artiste et comme citoyen.

Je suis pour l'affirmative, parce que, d'une
part, un fils a non seulement le droit, mais le
devoir d'honorer, par tous les moyens possibles,
la mémoire de son père; de l'autre, il est au
moins un des meilleurs juges pour raconter sa
vie, surtout quand il ne l'a jamais quitté.

Il n'y a, je trouve, aucune modestie à garder,
sinon pour soi, lorsqu'il sagit d'un père.

Si dans l'exposé de cette belle vie, si bien
accomplie, qne je me suis efforcé de rendre le
plus brièvement possible, on sent l'admiration
et l'approbation la plus complète de tous les

actes du grand statuaire, c'est que ce sentiment est naturel, même de la part de tout autre qu'un fils, en face d'un caractère aussi noble, aussi désintéressé, de même que devant une œuvre aussi colossale, dont le but constant a été la glorification de tout ce que la Patrie contenait d'hommes illustres, qu'il voulût honorer en léguant leur image à la postérité.

On ne m'accusera pas de pasticher la remarquable *Biographie de David d'Angers* (1), écrite par Henri Jouin avec ses aperçus si élevés ainsi que l'étude approfondie et critique qu'il a faite du statuaire.

Ne lui avais-je pas fourni la plus grande part des matériaux dont je me suis servi moi-même, en y ajoutant mes propres souvenirs ?

C'est aux faits surtout que je me suis attaché, en insistant sur le côté essentiellement caractéristique de l'idée patriotique et républicaine qui domine l'œuvre de mon père.

Pour les questions d'art, j'ai pensé que personne n'était plus compétent que lui pour en

(1) 2 volumes in-8, publiés chez Plon et Nourrit, éditeurs, par Henri Jouin, lauréat de l'Institut, secrétaire perpétuel de l'École des Beaux-Arts.

parler, et les lecteurs aimeront, je l'espère, à retrouver dans les quelques lettres de lui citées dans ce volume le souffle républicain et bien français qui les anime.

Que la jeunesse le prenne comme exemple! non seulement dans sa vie privée et politique, mais dans le respect qu'il avait pour la noble carrière des arts, laquelle, comme la religion, il n'a jamais vue que par les côtés les plus larges et les plus élevés!

ROBERT DAVID D'ANGERS.

8 Septembre 1891.

DAVID D'ANGERS

I

Jeunesse du Statuaire.

Pierre-Jean David, dit David d'Angers, est
le fils de Pierre-Louis David, sculpteur sur bois,
et de Marie-Françoise Lemasson. Il est né le
12 mars 1788, dans une petite maison de la
rue de l'Hôpital, à Angers. Cette rue porte
aujourd'hui son nom.

Son père, lors de la guerre contre les Vendéens en février 1793, s'enrôla dans l'armée
républicaine. C'était un homme d'une grande
énergie et d'un grand courage. Un jour de bataille, on lui donna la garde de l'église de Gon-
nord, remplie de prisonniers vendéens; ceux-ci,
s'apercevant que la porte n'était gardée que par
un seul homme, tentèrent une sortie; mais il
fonça sur eux avec une telle force que la baïonnette de son fusil se brisa dans la porte qu'ils

avaient refermée. Le croyant désarmé, ils allaient tenter une nouvelle sortie, mais quand ils le virent armé de ses deux pistolets, le visage enflammé de colère et avec la résolution d'un homme prêt à tout, ils reculèrent et n'osèrent plus bouger.

Blessé à la bataille de Torfou le 19 septembre de la même année, il fut fait prisonnier et enfermé dans l'église de Saint-Florent avec quatre mille autres républicains.

Pierre David avait suivi son père sur les champs de bataille. Confié par lui à un ami, il fut abandonné à Varrains, sur la route, après la bataille de Saumur. Des femmes vendéennes le recueillirent, et son père le retrouva, par hasard, à Saint-Florent parmi les bagages. Il avait parcouru la Vendée sur un caisson à la suite du général La Rochejaquelein.

L'enfant retrouvait son père au moment où le général Bonchamps, frappé mortellement, faisait grâce aux prisonniers républicains.

La bravoure du sculpteur sur bois avait attiré l'attention de Kléber et le général lui demanda de le suivre à l'armée du Rhin ; mais souffrant beaucoup de sa blessure, il préféra rejoindre sa famille et fut nommé dans les charrois mili-

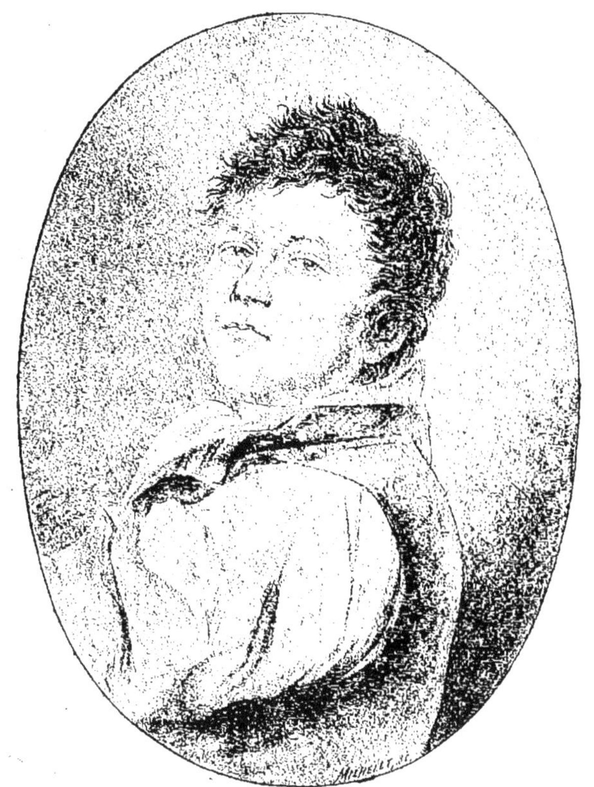

PIERRE-LOUIS DAVID
Père du sculpteur
1756-1821

taires, administration dans laquelle il resta jusqu'en 1796.

Il croyait que sa modeste paye subviendrait

aux besoins de sa nombreuse famille, mais, hélas !
la République était pauvre et il fallait la servir
par amour pour elle. Il ne touchait donc jamais
ses appointements, et pendant ce temps sa jeune
femme, d'une complexion excessivement délicate
passait ses nuits dans une des plus petites maisons de la rue Saint-Aubin, éclairée par la faible
lueur d'une résine, entourée de ses enfants affa-
més et confectionnant des guêtres pour les soldats, afin de pouvoir gagner quelques assignats.
Puis, dès que le jour avait paru, elle courait
prendre son rang à la porte d'un boulanger et
attendait pendant plusieurs heures la distribution tant désirée.

Que de douloureuses nuits dut passer cette
pauvre mère dont la jeunesse heureuse avait été
exempte de ces affreuses privations ! Que de
pleurs versés sur le sort incertain de son mari,
sur la misère de ses enfants ! Mais aussi, que
d'abnégation, de puissance et d'élévation d'âme
dans cette femme dont la constitution physique
était si peu en rapport avec ces grands et terribles événements ! il fallait qu'elle fût soutenue
par un patriotisme et une vertu en harmonie
avec celle de son mari.

A la pacification de la Vendée, le sculpteur
rentra dans son atelier plus pauvre qu'il n'en
était sorti, mais sans murmurer, car il avait

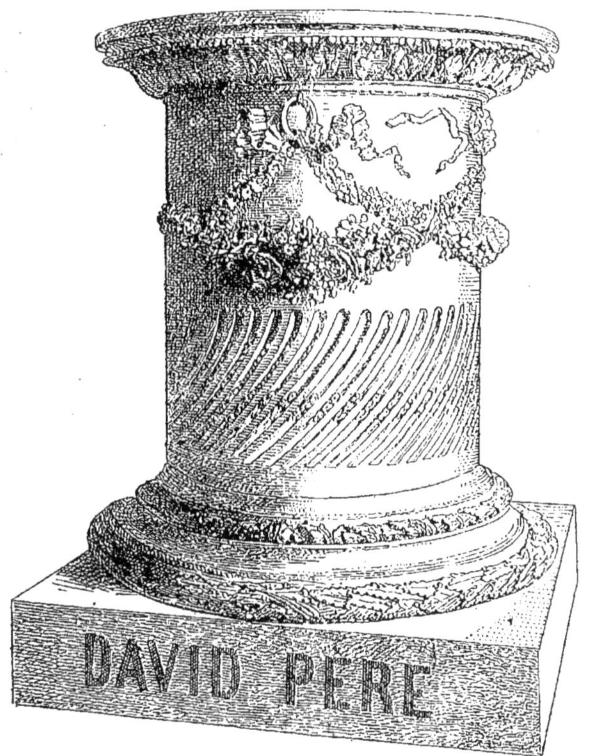

Autel de la Patrie sculpté par le père de David d'Angers.

participé, selon ses moyens, au grand acte de la
Révolution.

C'est alors que la ville d'Angers le chargea de

sculpter l'autel de la Patrie, placé à cette époque dans l'église Saint-Maurice, transformée en 1797 en temple décadaire, et dont les boiseries du chœur sont sculptées par lui. C'est dans ce temple qu'eut lieu la distribution des prix de l'École centrale, à laquelle Pierre David, alors âgé de huit ans, assista. Malheureusement, dans son enthousiasme et sa curiosité pour voir de près un tambour-major tout galonné qui faisait le moulinet avec sa canne à pomme, le pauvre enfant, s'étant trop approché de lui, reçut un coup terrible sur la tête. Baigné dans son sang, il fut emporté évanoui chez sa mère et il en fut quitte pour quelques jours de repos et de soins.

II

Une Vocation.

Le goût du dessin chez l'enfant ne tarda pas à se manifester. A l'occasion de la fête de son père, il lui offrit un dessin, mais dès ce moment celui-ci fit tous ses efforts pour l'empêcher d'entreprendre la carrière des arts. Sa mère, au contraire, confidente de ses rêves d'avenir, lui servait d'appui dans ses aspirations. Cette femme remarquable s'occupait avec un soin touchant de ses trois filles et de son fils.

Voici un trait qui peint la noblesse du caractère de cette digne femme. Un Mayençais, par son billet de logement, séjourna pendant une étape chez Pierre-Louis David. Ayant remarqué l'accueil qui lui était fait, devant partir pour l'Égypte, il confia à la maîtresse du logis une somme de 1,200 francs et de l'argenterie. Puis il partit pour rejoindre son corps. Deux ans après, le Mayençais revint. Son précieux dépôt lui fut remis intact. Malgré la misère qui accablait en ce moment cette nombreuse famille, ces braves gens n'avaient pas voulu toucher à ce qui leur avait été confié.

Beaucoup plus tard, le 24 décembre 1850, David écrit à l'historien angevin F. Grille (1) les lignes suivantes, où il est question de sa mère :

« Cher ami,

» Ce que vous me dites sur la réimpression de votre intéressant volume *le Siège d'Angers* me fait le plus grand plaisir. Au moins il sera dans plus de mains, et la génération qui va suivre la nôtre y puisera de patriotiques enseignements. Vous êtes vraiment, mon ami, le seul littérateur angevin dont le cœur chaud et patriotique ait compris tout ce qu'il y a de grand et de noble dans la sainte cause de la liberté, qui ne peut avoir d'autre mère que la République.

» Je n'ai aucun document qui puisse intéresser

(1) François-Grille, né à Angers le 29 décembre 1782, mort à l'Étang-sous-Marly (Seine-et-Oise), le 12 décembre 1855.

et figurer dans votre ouvrage sur le siège d'Angers. Mon père combattait dans les rangs des

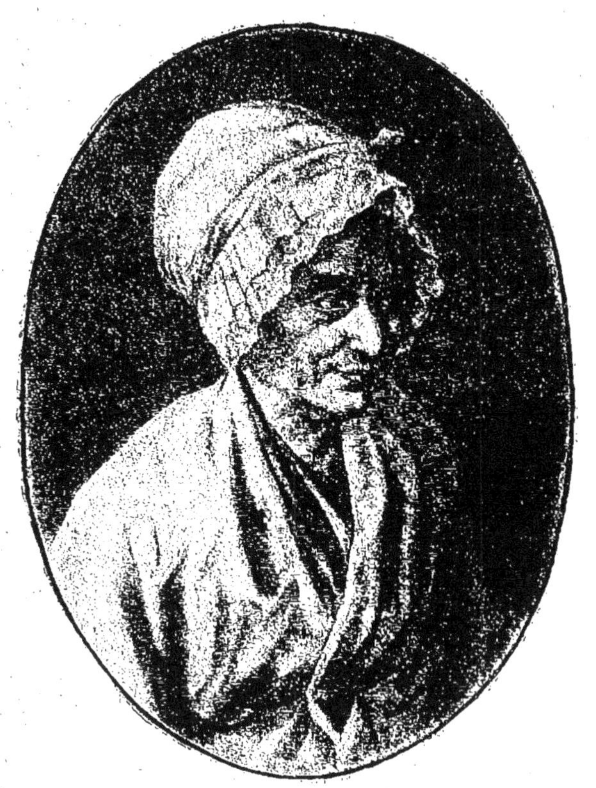

MARIE-FRANÇOISE LEMASSON
Mère de David d'Angers
1753-1809

soldats de la République et ma mère était obligée
de lutter contre les difficultés de cette époque

pour soutenir ses quatre enfants. Mais son âme
était aussi républicaine que celle de son courageux mari. Je sais que lorsque les Vendéens assié-
geaient la ville d'Angers, ma mère avait conseillé
à toutes les femmes de la rue Saint-Aubin (nous
demeurions dans cette rue) d'arracher des pavés
et de les monter dans les appartements pour
écraser les ennemis s'ils parvenaient à forcer
les portes de la ville. Ma mère m'a souvent dit
que les femmes étaient tellement exaltées, que
toutes avaient applaudi à ce conseil. Ma mère
était petite, mais elle avait une âme républicaine
en rapport avec les grands et sublimes actes de
cette époque. .   .   .   .

.   .   .   .   »

A l'âge de neuf ans, Pierre David fut emmené
par son père à Loudun, où il travailla avec lui à
la maison de M. Montault-Desilles, devenu plus
tard évêque d'Angers. Depuis qu'il avait entendu
parler à son père du prix de Rome, l'enfant ne
rêvait que succès et gloire. On lui permit enfin,
non sans peine, de suivre les cours de dessin à
l'École centrale d'Angers en 1800. Ces cours

avaient lieu dans la grande salle du Logis Barrault ; c'est là où sont maintenant réunies les
œuvres de David d'Angers.

Il avait alors douze ans. Parmi ses condis-
ciples, se trouvait M. Chevreul, le chimiste centenaire. Le professeur de dessin, M. Marchand,
fut étonné de la rapidité des progrès de son jeune
élève. Celui-ci, ne pouvant, faute d'argent, avoir
un chapeau, venait assister au cours coiffé d'un
bonnet de laine, vêtu d'un habit de camelot
rigoureusement serré à la taille, usé jusqu'à la
corde, et ne pouvant avoir de chaussures, il portait des sabots. Cela excitait, paraît-il, le dégoût
chez ses camarades.

Le jeune David était d'une nature très impres-
sionnable, il était timide, mais très courageux.
Tout ce qui était beau avait le don de le passion-
ner. Il devenait mélancolique, lorsqu'il pensait
que la nature ne l'avait pas favorisé sous le rapport physique.

Le 8 mai 1804 (16 floréal an XII), l'École centrale d'Angers est érigée en Lycée (1). Les études

(1) Le Lycée est devenu, à l'occasion du Centenaire de la naissance de P.-J. David d'Angers, le Lycée David d'Angers, sous le
provisorat de M. Émile Moulin, actuellement à Poitiers.

de Pierre David fut donc forcément interrom-
pues. Il commença à aider sérieusement son
père, travaillant aux figures, car son père ne connaissait que l'ornement proprement dit, et, par
une délicatesse touchante chez un enfant de
quinze ans, si quelqu'un venait voir le travail
en train, il s'effaçait pour laisser croire que le
tout était fait par son père.

Il ne pouvait plus suivre que le dimanche seulement les cours de dessin de M. Marchand.
Celui-ci mourut en 1804 et fut remplacé par
M. Delusse, qui s'attacha bientôt à Pierre David,
devint son guide et plaida ardemment sa cause
pour la carrière des arts auprès de son père dont
les idées à cet égard ne changeaient pas. Le professeur de dessin ne tarda pas à devenir l'ami de
la famille David. Désormais, avec sa mère, le
jeune enfant avait donc deux partisans décidés
pour l'aider dans ses projets d'avenir.

Il avait dessiné deux têtes de femme. Ce
furent ces deux têtes qui décidèrent son père à
le laisser partir pour Paris. On le conduisit à la
voiture de Chartres. Près de la diligence, un
coup de pistolet fut tiré sur lui. On a présumé
que l'assassin, qui avait pris la fuite, était un

jeune sculpteur jaloux du départ de David pour Paris, d'où il revenait après avoir assassiné un de ses camarades qu'il, avait surpris pendant son sommeil, sur un appui de fenêtre.

David avait 9 francs dans sa poche quand il franchit la barrière de la Conférence (depuis barrière de Passy), après avoir fait la route à pied depuis Chartres, faute, d'avoir suffisamment d'argent pour prendre la diligence.

On était en 1808. Il avait alors vingt ans. Il alla offrir ses services à un M. Besnier, sculpteur ornemaniste, chargé de la décoration de l'Arc de Triomphe du Carrousel. Ce monument est l'œuvre des architectes Percier et Fontaine. C'est là que le jeune Angevin, à peine arrivé à Paris, commença ses premières armes en sculpture dans la grande capitale. Souvent, il écrivait à un de ses amis d'Angers, car il éprouva vite la nostalgie de son pays natal. Sa nourriture n'était presque uniquement composée que de pain. A force de privations, il finit par tomber malade et il ne dut la vie qu'à la visite fortuite d'une vieille tante qui, effrayée de la situation dans laquelle elle le trouva, lui donna de bons soins et un peu d'argent.

Ses forces revenues, il entra à l'atelier du statuaire Roland, qui s'intéressa vivement à lui, voyant l'avenir qu'il y avait en ce jeune homme. A ce moment, un jeune Angevin, chirurgien distingué, nommé Béclard (1), lui fit faire, sous sa direction amicale, des études sérieuses d'anatomie humaine. David allait aussi à Montfaucon étudier l'anatomie du cheval. Il a laissé de ces études des dessins magnifiques.

Les bas-reliefs de la colonne Trajane l'attiraient profondément, il les copiait souvent, c'est de là que lui vint l'idée première de la collection de profils en médaillons.

En 1809, il reçut à l'académie des Beaux-Arts une médaille d'encouragement.

Entre les cours de l'école qu'il suivait assidûment, il travaillait l'ornement pour gagner sa vie, ne voulant rien demander comme argent, ni à ses parents ni à personne. Un jour qu'il travaillait au Louvre aux ornements d'une corniche, en face le pont des Arts, il voit tous ses camarades quitter leur travail avec précipitation pour voir l'empereur Napoléon Ier qui, avec son

(1) Pierre-Augustin Béclard, anatomiste, né à Angers le 5 octobre 1785, mort à Paris le 17 mars 1825.

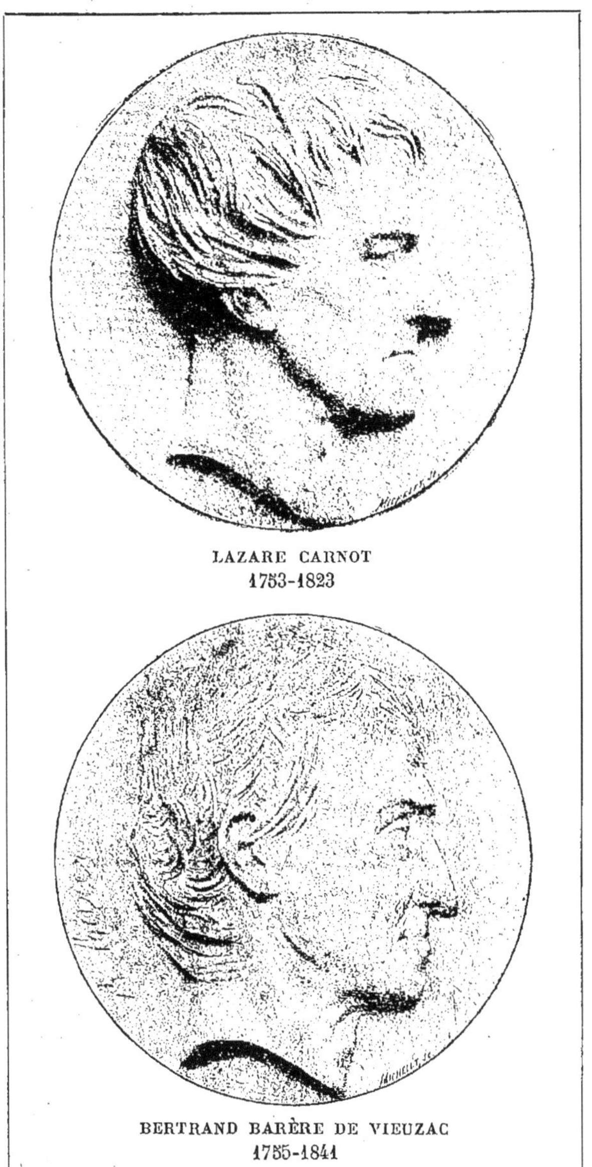

LAZARE CARNOT
1753-1823

BERTRAND BARÈRE DE VIEUZAC
1755-1841

4

escorte, passait sur les quais, David ne se déran-
gea pas de son travail, ne voulant pas voir celui
qu'il avait admiré comme général Bonaparte,
mais qui avait trahi la République pour devenir
empereur. « Le grand tueur d'hommes », comme
il l'appelait.

Louis David, le peintre (1), corrigeant à l'école
des Beaux-Arts, avait remarqué l'ardeur avec
laquelle Pierre David travaillait le dessin, il le
fit admettre au nombre des logistes.

Cette année-là (1810), David remporta seulement le second grand prix, le sujet étant *la mort
d'Othryades*. Bien que sa figure fût de beaucoup
la meilleure, ce fut un de ses camarades nommé
Auguste, qui remporta le premier prix, grâce à
des protections. Plus tard, le même Auguste lui
dit souvent avec une grande loyauté : « C'est bien
toi qui devais avoir le premier prix, mais tu
n'avais pas les appuis qui m'ont fait préférer à
toi. » David faisait, malgré cela, le plus grand
cas de son camarade.

Il entra à l'atelier de Louis David, dont la sollicitude pour lui avait doublé depuis son échec.

(1) Jacques-Louis David, né à Paris le 30 août 1748, mort à
Bruxelles le 29 décembre 1825.

Sur la demande de Pajou, le statuaire, apostillée par toute la classe des Beaux-Arts, de l'Institut, la ville d'Angers fit à Pierre David une pension de 100 francs par mois qui lui fut continuée jusqu'en 1820.

Dans une lettre datée de Rome (23 déc. 1815), écrite par David à son ami le peintre Cupré, il dit : « Mon père me déchire l'âme par le récit de ses malheurs, il me dit qu'une de mes sœurs trouverait un brave jeune homme pour se marier, mais qu'il faudrait au moins lui donner un ménage ; il me dit encore que la municipalité d'Angers a fait la demande pour moi de 500 fr. j'ai répondu de suite à mon père que si on obtenait cette somme pour moi, je désirais qu'on en disposât tout de suite pour ma bonne sœur. »

Au concours de l'école pour la *Tête d'expression*, il remporta le prix. Le sujet était *La Douleur*. Une tête d'homme pleine de sentiment lui avait valu le premier rang.

En 1811, pour la deuxième fois, il monte en Loge et remporte cette fois, haut la main, le premier prix avec le bas-relief représentant la *Mort d'Epaminondas*. Ce grand prix l'exemptant de la conscription, David partit pour Rome le 6 décembre 1811 avec plusieurs lettres de recommandation que lui avaient données ses maîtres Roland et Louis David. Il ne devait en revenir que le 14 août 1816.

III

P.-J. David à Rome.

A Rome, le jeune statuaire se mit à travailler
ferme, n'ayant plus à se préoccuper autant de la
vie matérielle. Ses études autres que celles
inhérentes aux Beaux-Arts proprement dits,
avaient été forcément très négligées. Il profita
de la présence à Rome d'un compatriote, M. de
Lauréal, pour réparer avec lui les vides de son
instruction, que lui-même remplit par ses lec-
tures, animé qu'il était du désir et de la volonté
de tout connaître. Il s'était vite fait des amis
parmi ses vétérans de la villa Médicis : Drôlling,
Ingres, peintres, Herold, le musicien, étaient de
ses meilleurs, mais il avait une prédilection
pour un autre nommé Dupré (1), peintre aussi

(1) Louis Dupré, peintre, né à Versailles le 9 janvier 1789, élève
de Louis David, mort le 12 octobre 1837. Il était ami intime de
David d'Angers et correspondait avec lui par des lettres dont
une partie est publiée (Charavay, éditeur).

avec lequel il eut une correspondance très suivie, surtout lorsque celui-ci alla s'établir à
Naples. Ils avaient tous les deux les mêmes
goûts, les mêmes aspirations pour les arts et
leur manière de sentir en politique était la
même.

Lorsque le 3o mars 1815, Napoléon fut entré
dans sa capitale, le roi de Naples, Murat, crut le
moment venu de sauver sa couronne. A la suite
d'une proclamation affichée par lui sur les murs
de Rimini, les Autrichiens attaquèrent son
armée et le défirent à Macerata. Le roi de Naples
se réfugia en Corse. On apprit alors qu'il allait
débarquer au Pizzo. Les patriotes se remuaient.
David, par haine pour les Bourbons, guidé par
son patriotisme, se joint aux Carbonari pour
essayer de sauver Murat. Mais celui-ci, débarqué
le 8 octobre, fut aussitôt fait prisonnier et fusillé
avec vingt-neuf de ses compagnons.

Les conjurés avaient pu parvenir jusqu'aux
ruines de Poestum, mais poursuivis par un régi-
ment hongrois qui les suivait de loin, après une
lutte vigoureuse, ils furent obligés de céder
devant le nombre. David fut fait prisonnier et ne
dut la vie qu'à un signe de détresse que comprit

un officier hongrois, franc‑maçon comme lui (1).

Grâce à M. Lethière, directeur de l'Académie de Rome, auquel l'ambassadeur de France, M. Cortois de Pressigny, avait témoigné son mé‑contentement au sujet de sa conduite politique, David ne se vit pas renvoyer de l'École, mais peu s'en fallut. Il voyait son temps d'École s'avancer. Malgré son désir de rentrer en France, la triste situation de son pays l'engageait à res‑ter une année encore à Rome. Il demanda une prolongation, mais elle arrivera trop tard. Sa ré‑solution était prise de retourner en France, pour de là, après avoir été embrasser son père et ses sœurs à Angers, aller à Londres voir Flaxman (2) et les bas‑reliefs du Parthénon. Il quitta Rome le 6 mai 1816, non sans regrets toutefois, mais il avait craint « *de s'y endormir* », comme il disait à son ami Dupré. Descendu à Milan, il lui écrivit : « Aussitôt arrivé à Lodi, je fus visiter ce fameux pont qui est sur l'Adda. Je voulais t'écrire les sensations que j'éprouvais, mais je

(1) Étude sur la vie et les ouvrages de David d'Angers, sta‑tuaire, par Adrien Maillard, son compatriote.

(2) John Flaxman, célèbre sculpteur anglais, né à York le 6 juillet 1755, mort à Londres le 7 décembre 1826.

réfléchis de suite que tes sensations étant les mêmes que les miennes, tu te figurerais aisément être sur le fameux théâtre de notre gloire passée.... »

Avant de partir de Rome, où pendant son séjour il avait eu de fréquents rapports avec Canova, celui-ci lui avait donné des lettres de recommandation qui lui font dire dans une de ses lettres à Dupré, datée de Modène, 15 mai 1816 : « Je voudrais te faire lire les lettres de M. Canova (1), il me recommande comme si j'étais son fils. »

« Un soir, écrit David à M. Charles Blanc, j'étais alors bien jeune, et j'apprenais la sculpture avec amour, je me trouvais dans l'atelier de Canova. Le grand artiste avait cessé de travailler, il parlait de son art. Un dernier rayon de soleil éclairait encore les corniches les plus élevées ; un peu au-dessous, dans une chaude demi-teinte, on voyait le groupe des *Trois Grâces* et, à quelque distance, d'autres figures mythologiques de nymphes, de déesses à peine vêtues. Je contemplais ces figures, que la lu-

______

(1) Antonio Canova, célèbre sculpteur italien, né à Possagno le 1er novembre 1757, mort à Venise le 12 octobre 1822.

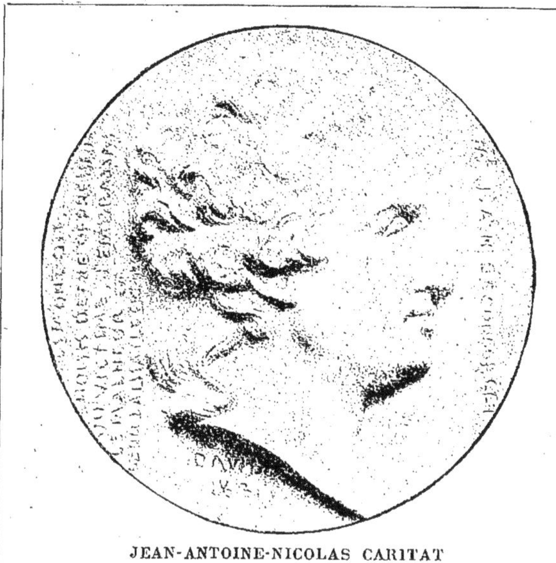

JEAN-ANTOINE-NICOLAS CARITAT
MARQUIS DE CONDORCET
1743-1794

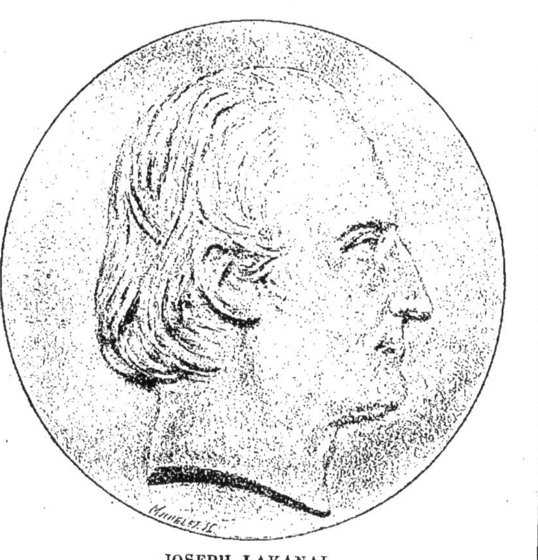

JOSEPH LAKANAL
Conventionnel, membre de l'Institut
1762-1845

mière abandonnait peu à peu, et qui bientôt se
trouvaient noyées dans le crépuscule. Il y eut un
moment où je crus les voir s'agiter comme des
apparitions fantastiques ; il me semblait que ces
poétiques figures, prenant du doigt leurs drape-
ries légères, allaient se détacher de leur piédestal
et se mêler, dans une danse aérienne. Alors tout
ce qu'il y avait de séduisant dans ces formes vo-
luptueuses parlait à mon imagination ; la sculpture m'apparaissait comme la pure expression
des beautés exquises, comme l'art de diviniser
la forme, en la faisant adorer. Jamais je n'avais
senti une attraction plus forte vers le sensualisme
antique. J'étais enchanté, fasciné par la grâce
de ces divinités de marbre auxquelles j'allais
consacrer mon admiration et mon ciseau.

« Mais, quand je fus sorti de cet atelier et
que je m'en revins par les rues tranquilles de
Rome, quand j'eus respiré l'air du soir et que
ma tête se fût un peu calmée, il se fit en moi une
réaction puissante. L'austère souvenir de Pous-
sin, de ce génie français qui avait erré parmi
ces ruines, me commandait un retour sur moi-
même. Je fus bientôt en proie à un autre genre
d'exaltation ; je sentais mon âme s'élever dans

les régions de la pensée, je me rappelais les pré-
ceptes de Platon, et les statues que je rencontrais
çà et là sur ma route et qui forment, pour ainsi
dire, un autre peuple dans Rome, redoublaient
en moi la génération des héros et me révélaient
toute la grandeur de la sculpture destinée à per-
pétuer ces mâles vertus, ces nobles dévouements,
et à faire vivre les traits de l'homme de génie
quatre mille ans après qu'il n'est plus.

« Je dis faire *vivre,* car je rêvais, dans mon
enthousiasme, d'animer le marbre et le bronze ;
je voulais poursuivre le mouvement et la vie ;
ma plus grande ambition d'artiste était de faire
disparaître ces mots : *la froide sculpture* (1) !... »

Parmi les travaux que David exécuta à Rome,
il faut citer une *Tête d'Ulysse,* une *Tête d'Angé-
line* en marbre, qu'il vendit avant son départ
pour la somme de 400 francs, au prince Louis
Bonaparte (comte de Saint-Leu), et une statue
en marbre, le *Jeune Berger,* qui est au musée
d'Angers.

Arrivé à Paris, il en repart bientôt pour revoir sa famille et l'Anjou. Il laisse quelque argent

(1) Lettre à Charles Blanc sur Thorwaldsen, publiée dans
l'*Almanach du Mois,* 1844.

à son père et à ses sœurs, puis s'embarque pour
Londres, où il va enfin voir les bas-reliefs du
Parthénon dont il rêvait depuis si longtemps.

Canova lui avait donné une lettre de recommandation pour Flaxman, ce statuaire pour les
œuvres duquel il avait, d'après les reproductions
qu'il en avait vu, conçu une si grande admiration. Celle-ci ne fut pas justifiée lorsqu'il se
trouva devant les originaux, et Flaxman fut mal
disposé par le nom de David qu'il détestait dans
Louis David, peintre de la Convention. Cela fit
que le jeune statuaire français fut fort mal reçu
et que le statuaire anglais, auquel il demandait du
travail dans ses ateliers, ne l'employa même pas.

David était dans une situation pécuniaire des
plus critiques, lorsqu'un jour, une grande dame
anglaise, à laquelle sa logeuse avait parlé de lui
avec pitié, s'intéressant à son malheureux sort,
vint lui proposer de sculpter un monument com-
mémoratif de Waterloo, payé une très forte
somme.

C'en était trop ! Le sculpteur français, après
avoir refusé avec indignation, vendit tout ce qu'il
possédait pour regagner son pays sans avoir
déshonoré ni sa patrie ni son ciseau.

A son retour, dans une lettre à son ami Dupré adressée à Rome, le 4 août 1816 : « Je n'ai pas tout à fait réussi, dit-il, dans mon voyage d'Angleterre ; j'y ai trouvé, encore plus qu'en France, des cœurs de fer, personne n'a pris aucun intérêt à moi, mais j'ai vu les bas-reliefs d'Athènes et Flaxman. J'emporte la plus haute idée du talent de Flaxman, et la conviction de son extrême faiblesse en sculpture. J'ai rapporté de ce pays une extrême envie de travailler et une grande haine contre des gens qui ne nous aiment pas. »

IV

David d'Angers écrivain.

A peine revenu, il fut attristé par la mort de
son maître vénéré M. Roland, statuaire (1). Voici
à son sujet quelques extraits de la notice que David d'Angers écrivit sur son maître et qui lui
valut la médaille d'or de la Société royale des
sciences, de l'agriculture et des arts de Lille, le
3 juillet 1846.

« Roland (Philippe-Laurent), statuaire, fut un
homme religieusement dévoué au culte de l'art.
Son père, pauvre tailleur d'habits et cabaretier,
n'était guère capable de développer ni de soup-
çonner même les heureuses facultés de son fils ;
mais le jeune Roland eut cela de commun avec

(1) Roland (Philippe-Laurent), statuaire, né à Pont-à-Marcq-
en-Pévèle (Nord), le 13 août 1746, membre de l'Institut en 1795,
mort à Paris le 11 juillet 1816.

plusieurs hommes, nés obscurs comme lui et, comme lui, devenus célèbres, qu'il dut à l'inspiration de sa mère et à ses salutaires excitations le goût d'une carrière qu'il a parcourue depuis avec grand talent.

» Mme Roland (Marie-Magdeleine Caille) était continuellement préoccupée de l'idée d'en faire un sculpteur. Elle pensait que la faiblesse de sa complexion ne lui permettrait pas de résister aux dures fatigues de l'ouvrier. Peut-être encore, par un sentiment d'ambition, si naturel et si excusable chez une mère, rêvait-elle pour son fils bien-aimé un glorieux avenir. Aussi ne négligea-t-elle rien pour faire entrer son mari dans ses vues, et l'enfant fut confié à un sculpteur qui n'avait d'autre occupation que celle de façonner des ouvrages en bois.

» On ne tarda pas à s'apercevoir de ce que cette jeune imagination demandait à prendre un plus large essor. Il fallait à Roland les fructueuses études d'une école de dessin. Il obtint d'être admis à celle de Lille, dont M. de Séchelles, intendant de la province de Flandre, était alors directeur. D'étonnants et rapides succès lui inspirèrent le désir de s'aventurer sur

un plus vaste théâtre. A Paris, l'atelier du statuaire Pajou (1) lui était ouvert ; il partit sans
autre appui que les vœux de sa mère et la conscience de ce qu'il devait être un jour. Il avait
alors dix-huit ans.

» Encore un enfant du peuple, de ce peuple
dont les misères, commencées au berceau, n'ont
trop souvent pour terme que le corbillard du
pauvre, qui va, par son génie, prendre une place
honorable parmi les hommes dont la postérité
gardera précieusement la mémoire. Mais cette
place, de combien de tortures physiques et morales il lui a fallu l'acheter ! Souvent, se laissant
aller à cette mélancolie si ordinaire aux grandes
âmes, le jeune homme, assis sur son grabat,
soutenant de ses mains son front affaissé, sentait
son cœur se prendre aux froides étreintes du
désespoir. Cet avenir, qu'il avait rêvé si beau, si
brillant, fuyait devant lui, il doutait de lui-
même. Puis, à travers les ais mal joints de la
porte, qu'un rayon de soleil vint se jouer à ses
pieds, soudain s'évanouissaient les sombres pen-
sées. Grâce à la mobilité particulière à cet âge,

(1) Augustin Pajou, né à Paris en 1730, membre de l'Institut
en 1785, mort à Paris le 8 mai 1809.

le jeune artiste redevenait confiant, assuré. Ce rayon de soleil, égaré dans son humble cellule, c'était pour lui le bienveillant et prophétique sourire d'un ami venant ranimer son courage abattu.

» Qu'on nous pardonne de nous appesantir sur ces combats intérieurs, sur ces doutes déchirants, sur ces horribles angoisses qui ne manquent jamais d'assaillir l'artiste à son début. Il est bon que le monde sache à quelle épreuve est condamné le génie naissant, ce qu'il lui faut dépenser d'efforts et de puissance pour mettre la foule à ses pieds, ce qu'il lui en coûte enfin pour grandir et enfanter ses chefs-d'œuvre, la plus pure, la plus vraie gloire d'une nation.

» Oh ! comme on serait saisi d'une douloureuse pitié, si l'on pouvait pénétrer dans ces mansardes mal abritées, refuge de la misère, où le jeune sculpteur pétrit de ses mains fiévreuses et humecte des sueurs de son front l'argile qui doit devenir une chair vivante et s'empreindre à jamais de fortes et chaleureuses inspirations ! C'est là qu'aux douteuses clartés d'une lampe fétide, l'œil ardent, portant haut le front, et comme aspirant à la gloire, il oublie les heures qui devraient être consacrées au sommeil. Cependant ses artères battent trop violemment, il lui faut de l'air, il ouvre sa petite fenêtre donnant sur le toit (le peuple dans sa naïve poésie appelle ces croisées, *jours de souffrance !*) Mais cet air qui le rafraîchit n'est pas pur, il a passé sur tant d'infortunes et de larmes ! il lui apporte tant d'imprécations et tant de soupirs ! Cette rangée de fenêtres obscures et fermées qu'effleure son regard, l'effraye de son aspect sinistre. Si quelqu'une est éclairée encore, c'est qu'il y a derrière les vitres un moribond qui râle, une jeune fille qui pleure, une pauvre mère travaillant près de la litière de paille où ses enfants étiolés dorment avec la faim, ou bien encore quelque âme semblable à la sienne, pauvre sculpteur, quelque brûlant cerveau comme le sien, tourmenté d'insomnie, et où germe une idée qui peut-être un jour remuera le monde.

» Disons-le pourtant, dans une lutte d'une volonté forte contre l'accablant sommeil, le jeune artiste éprouve un sentiment d'orgueil. Il est maître de lui puisqu'il dompte la nature, il veille, il vit par l'intelligence, tandis qu'autour de lui tout est plongé dans un engourdissement profond.

» Puis, si vers les dernières heures de la nuit le statuaire, brisé de fatigue et d'émotions, se permet enfin quelques instants de repos, les membres étendus sur des planches grossières, car sa pauvreté lui interdit de luxe d'un matelas, il reprend de nouvelles forces pour la lutte du lendemain, et, bienfait inappréciable de la nature, de riantes images charment son court sommeil. Ainsi, sur son radeau, le naufragé, qui s'endort pressé de soif et de faim, se voit, en rêve, assis à une table opulente, ou s'abreuvant à longs traits d'une eau limpide. Enfin le jour paraît, le jeune artiste se rend en hâte chez le maître, impatient d'entendre la parole féconde et de s'initier aux rudes pratiques de la science des arts.

» Plus tard, quand les faveurs de la fortune eurent dignement récompensé son mérite, Roland aimait à se reporter par la pensée vers les années de sa laborieuse jeunesse. C'était surtout à la fin de la journée, alors que les derniers rayons du soleil couchant glissaient sur les toits de la Sorbonne, où il avait son atelier, et semblait quitter à regret les imposantes statues du maître, qu'assis au milieu de ses élèves debout et immobiles recueillant avec avidité chaque accent de cette noble voix exprimant simplement des choses profondément senties, il disait ses tourments, ses anxiétés passées, tout ce dont il avait eu besoin de force et de résolution pour étouffer en lui la révolte des sens et ne point, comme la plupart des jeunes gens, se laisser emporter par le tourbillon des plaisirs.

» Il racontait les émotions du jeune provincial, abordant au Palais-Royal, si brillant alors, et dont les mille lumières resplendissantes semblaient, à ses yeux éblouis, se confondre avec les feux de la voûte céleste, ces maisons de jeux où résonnait l'or avec tant d'ironie, cette tourbe de sots et d'oisifs qui fluait et refluait, heurtant de ses vagues l'homme de génie inconnu, ces trépignements, cette ivresse d'une joie folle, toutes ces splendeurs enfin, toutes les séductions du luxe, du vice, de la débauche et du crime, contrastant d'une si étrange façon avec les haillons de l'homme du peuple, de l'ouvrier qui, libre de son travail quotidien et regagnant son gîte, passait silencieusement à travers le bruit et la vapeur de la grande orgie.

» Ce spectacle si nouveau pour lui et si dangereux, le jeune élève le contemplait avec son âme d'artiste. Un feu inconnu lui brûlait le sang, sa raison s'égarait, il chancelait comme pris de vertige, et plus d'une fois il faillit succomber. Mais soudain il s'arrêtait en songeant à sa mère. Une voix intérieure lui disait que là était la mort de son avenir de gloire. Il reprenait alors, le cœur gros de soupirs, le chemin de sa mansarde, où l'attendait, sur le seuil, l'espérance, qui le ramenait à ses études chéries.

» La conversation de Roland était encourageante et fructueuse pour ses élèves : « Ce qu'un homme d'une santé chétive a fait, disait-il, les autres hommes peuvent le faire. J'avais une âme ardente pour le plaisir, mais j'aimais avant tout la gloire et je marchais dans le devoir, soutenu par le souvenir de mes vieux et respectables parents. »

« Après ses passions, l'ennemi le plus redoutable qu'il eût à combattre, fut le sommeil. Il racontait comment, pour se soustraire à l'influence d'un besoin si impérieux dans la jeunesse, il avait employé un moment infaillible.

» A cette époque, on portait les cheveux rassemblés en queue derrière la tête, il les nouait avec une corde fixée au plafond et lorsque sa tête appesantie retombait sur sa poitrine, la douleur causée par les tiraillements de la nuque le réveillait violemment. Alors, il se remettait au travail avec ardeur. Jamais, lorsqu'il disait cette particularité de son existence, il n'est venu à l'idée de ses élèves d'en rire, tant ils respectaient l'homme courageux qui ne devait son illustration qu'à lui-même.

» Roland était venu à Paris presque sans ressources. Son père était trop pauvre pour l'aider, mais son ange protecteur, sa mère, avait pourvu à ses premiers besoins. A force d'économie, de privations, la généreuse femme était parvenue à ramasser un petit pécule. Quelle ne fut pas la surprise de son fils et combien il versa de larmes d'attendrissement lorsqu'en déballant la modeste valise qui renfermait tout son bagage il trouva le trésor que sa bonne mère y avait caché !

» Quand Pajou eut compris tout ce qu'il y avait d'avenir dans ce jeune artiste, il l'associa à ses travaux du château de Versailles et du Palais-Royal. il l'engagea, par une pratique assidue, à se rendre facile le travail du marbre et lui fit exécuter plusieurs de ses statues.

» Après quelques années d'un labeur opiniâtre

Roland put consacrer le fruit de ses épargnes à un voyage en Italie ; il y passa cinq ans. Entre autres ouvrages où il s'essaya, ses premières inspirations se traduisirent par un gracieux buste de jeune fille, et une statue mi-corps de jeune dormeur, par un vieillard également jusqu'à mi-corps, ces deux derniers sont en terre cuite ; le vieillard se voit actuellement au musée d'Angers. C'est de la chair qui pour palpiter n'attend qu'une étincelle de feu sacré, mais ce n'est pas encore la vie grandiose et le goût épuré qu'on admire dans ses autres ouvrages.

» Roland avait commencé par une imitation naïve et religieuse de la nature, négligeant trop le véritable but de l'art qui est de communiquer aux objets, par l'expression accentués des formes, une vie plastique, celle qui doit traverser les siècles.

» Canova, ainsi que plusieurs grands artistes, a commencé par la recherche du calque naïf de la nature, mais le statuaire italien n'est pas entré dans l'intimité de l'individu aussi profondément que Roland et quelques célèbres statuaires français. Les Italiens s'occupent plutôt du *primo aspetto*, de l'effet extérieur, qu'on me passe ce terme, du charlatanisme de la forme.

» Près de quitter Rome après avoir presque entièrement épuisé ses ressources, Roland avait une copie de petite dimension d'après la *Junon* antique. Elle avait plu à un amateur qui avait voulu l'acheter, mais lorsqu'il fallut, pour la mouler, la transporter dans une pièce voisine, notre immortel peintre Louis David, qui s'était chargé de ce soin, se heurta si violemment contre une porte, que la secousse fit tomber la statuette et l'aplatit sur le carreau, à la grande douleur des deux amis, qui demeurèrent un instant comme pétrifiés. David m'a souvent conté cette anecdote.

» Juste appréciateur des études que Roland avaient faites à Rome, Pajou mesura de suite toute la portée de son talent et le pressa d'exécuter un ouvrage qui lui donnât le droit de se présenter à l'Académie. Roland suivit ce conseil et fut admis au nombre des agrégés. Le sujet prêtait à une grande énergie d'expression ; c'était la mort de Caton d'Utique.

» Il y a dans cette figure une animation vraiment saisissante, l'artiste a exprimé heureusement la sombre résolution de l'homme méditant froide-

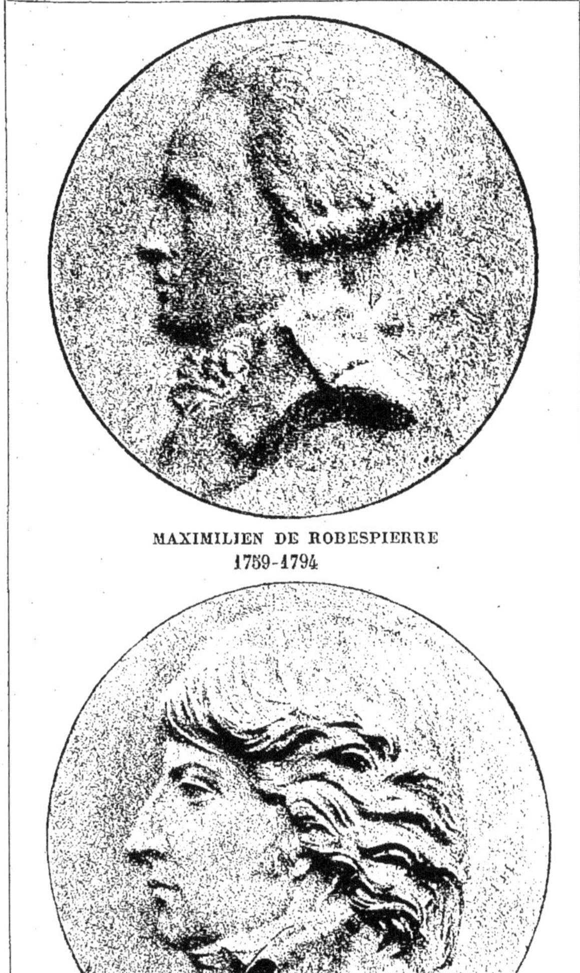

MAXIMILIEN DE ROBESPIERRE
1759-1794

LOUIS-ANTOINE DE SAINT-JUST
1767-1794

ment sur ce dernier acte du drame de la vie et près de briser une existence qu'avaient flétrie la honte de Pharsale et l'anéantissement de la liberté...

» Roland avait eu la précaution de modeler à part, de grandeur plus que naturelle, les bras et les jambes de la statue de Caton, et bien lui en prit : on prétendait que ces fragments étaient moulés sur nature. Il fallut le témoignage du compas pour prouver que de pareils membres n'eussent pu être que ceux d'un géant, et d'ailleurs tout en conservant la plus stricte vérité. Roland avait empreint son œuvre d'un cachet original. Les plus incrédules furent forcés de reconnaître que le moulage seul eût été impuissant à rendre des formes, si vivement accentuées. Il fit hommage à la ville de Lille du modèle réduit de cette statue, touchante reconnaissance d'un artiste qui aimait à reporter vers son pays natal son premier succès, prélude de tant d'autres.

» Pajou s'intéressait chaque jour plus vivement à son élève chéri ; il lui fit épouser, en 1772, la fille de Nicolas Potain, architecte du roi, et obtenir un logement au Louvre.

« A cette époque, la royauté donnait un asile aux artistes qui s'étaient distingués, coutume remise en usage par Louis XIV, et qui remontait au temps de la féodalité. Les grands seigneurs d'alors prenaient sous leur patronage les artistes et les poètes, qui vivaient confondus avec la haute domesticité du castel. De là, dépendance de ces enfants du génie, contraints qu'ils étaient toujours de ne reproduire que les faits et gestes de leurs protecteurs. Ainsi les grandes idées qui pouvaient déplaire au maître, tout ce qui devait intéresser le peuple et le glorifier était passé sous silence.

« Ce n'est pas pour un homme que les artistes doivent travailler, c'est pour la nation, pour l'humanité tout entière. Ils doivent envisager l'art comme un sacerdoce dont ils sont les ministres et contribuer par leurs exemples à propager la morale qui seule peut amener les hommes au plus haut degré de perfection possible et conséquemment au bonheur...

. . . .

« En 1781, Roland fut élu membre de l'Académie. Son ouvrage de réception était une statue de Samson. A cette époque, il exécuta deux bas-reliefs considérables, l'un représente un Sacrifice des anciens, l'autre l'Astronomie et la Géométrie. On voit dans ces bas-reliefs que Roland avait su se débarrasser des funestes influences de l'école du dernier siècle, ce n'est pas là son moindre titre à l'estime.

» Les *bas-reliefs*, par leur destination, attachés à la muraille du monument, sont une sorte d'écriture, d'inscription historique. Ils ne peuvent ni ne doivent avoir la prétention de jouer le *trompe-l'œil*, de chercher à représenter l'apparence de la réalité, comme fait la peinture à qui la douleur en donne le moyen. Chaque art a ses limites qu'il est absurde de vouloir franchir. Trop longtemps les statuaires ont manqué à la véritable mission que la raison leur assigne. Ils creusaient la muraille, espérant donner à croire que les personnages se mouvaient réellement, et s'imaginaient pouvoir se servir avec avantage de la perspective linéaire accessible à la peinture seule, comme si la sculpture avait aussi la ressource des effets qui éloignent les personnages suivant l'exigence du sujet. Qu'arrivait-il alors ? Les figures du premier plan projetaient leurs ombres sur celles qui étaient censées se trouver

à une plus grande distance; celles-ci étaient bien
conçues comme perspective linéaire, mais l'effet
aérien venait apporter un cruel démenti aux pré-
tentions du sculpteur.

» Le seul genre de bas-reliefs avoué par le goût
est celui des Grecs, des figures méplates sur le
milieu, offrant à la lumière une large surface.
Les membres qui passent au-devant du corps,
n'offrent qu'une saillie peu sensible et, par suite,
ne projettent point d'ombres, l'ombre de la
figure elle-même se trouve portée sur le fond,
la dessine énergiquement et la rend visible sans
aucune indécision, chaque personnage est isolé.
C'est un type, pour ainsi dire symbolique.

» Dans leurs bas-reliefs, une armée est représentée par quelques soldats, comme l'était par
un vieillard le chœur du peuple sur leur théâtre.
Grâce à ce principe, le sujet traité par leur ciseau
était simple et d'une interprétation facile.

» Les temps n'étant plus les mêmes, l'art a dû
nécessairement se prêter à des exigences nouvelles. La Renaissance a essayé, il faut en con-
venir, avec succès, de modifier les bas-reliefs
antiques. De nos jours, on exige l'apparence de
la réalité des scènes où soient rendus les mou-

vements de la foule, une exécution rigoureuse dans la reproduction du costume. Aussi, quand les artistes modernes ont à représenter une bataille, c'est le choc des escadrons, une mêlée furieuse, les chevaux des vainqueurs écrasant sous leurs pieds les morts et les mourants, etc. De là le besoin de faire plusieurs plans, comme on en a des exemples surtout dans les bas-reliefs du tombeau de François Ier, sculptés par Germain Pilon. Là on peut voir quel parti avantageux l'artiste a su tirer de l'étude des monuments grecs, tout en conservant une saillie très peu prononcée et méplate. Il est parvenu à produire une illusion frappante, autant qu'il est donné du moins à la sculpture de le faire.

» Roland était éminemment statuaire monumental, c'est pourquoi je me suis plus longuement arrêté sur le bas-relief que comportent les convenances de l'architecture. Je n'ignore pas, du reste, que le bas-relief a une latitude immense que l'artiste de nos jours peut s'abandonner à tous les caprices de son imagination, selon la destination de son ouvrage, ou le fantastique du sujet.

» En 1791, Roland fut chargé de l'exécution

d'un groupe colossal, *le Peuple terrassant le Fédéralisme*. Dans cette vaste composition, il put déployer à l'aise toute la puissance de son mâle génie, l'œuvre fut digne du sujet. Le Peuple était là, debout dans sa simple, énergique et robuste personnification. On reconnaissait sans aucune hésitation que ce juge inflexible, quelquefois terrible comme le destin, accomplissait un grand acte de souveraineté.

» Dans l'année suivante il modela un plâtre dans des proportions gigantesques, la statue allégorique de la Loi, qui fut placée sous le péristyle du Panthéon.

» Dans cette admirable production, il avait traduit et rendu visible par la forme une des plus hautes et des plus sérieuses abstractions que l'esprit humain puisse concevoir. C'était en quelque sorte l'incarnation de la Loi, non pas ce monstre qui en usurpe le nom, création capricieuse et servile instrument du despotisme, Janus politique à double face, portant deux poids et deux mesures, impitoyable pour les faibles et souriant aux forts, mais cette Loi, fille aînée de la Liberté, son rempart contre les oppresseurs, égale pour tous.

» C'est au milieu des plus épouvantables secousses politiques que l'immortelle Convention nationale décrétait de semblables monuments, grands comme leur époque et investis d'une espèce de magistrature morale. Les artistes, brûlant d'un saint enthousiasme, s'élevaient au-dessus d'eux-mêmes et répondaient par des chefs-d'œuvre à l'appel de la Nation.

» Le buste de sa fille, pour lequel il obtint à l'Exposition un prix de première classe, est, sans contredit, son chef-d'œuvre : c'est la beauté, la suave candeur, présentée avec toute la magie du sentiment le plus exquis et la correction la plus achevée.

» *Un buste*, est une œuvre d'une haute importance. C'est sur ce visage réflecteur de l'âme que se traduisent les passions, et, en quelque sorte, le poème du drame intérieur de la vie humaine. L'étude de la phrénologie doit donc, chez le statuaire, marcher de front avec celle de l'anatomie et de la physiologie. C'est elle qui dévoile à l'artiste les facultés distinctives de l'individu sculptées sur son crâne par la puissante main de la Nature. Les mouvements du cœur, les inspirations de l'esprit qui dérivent de

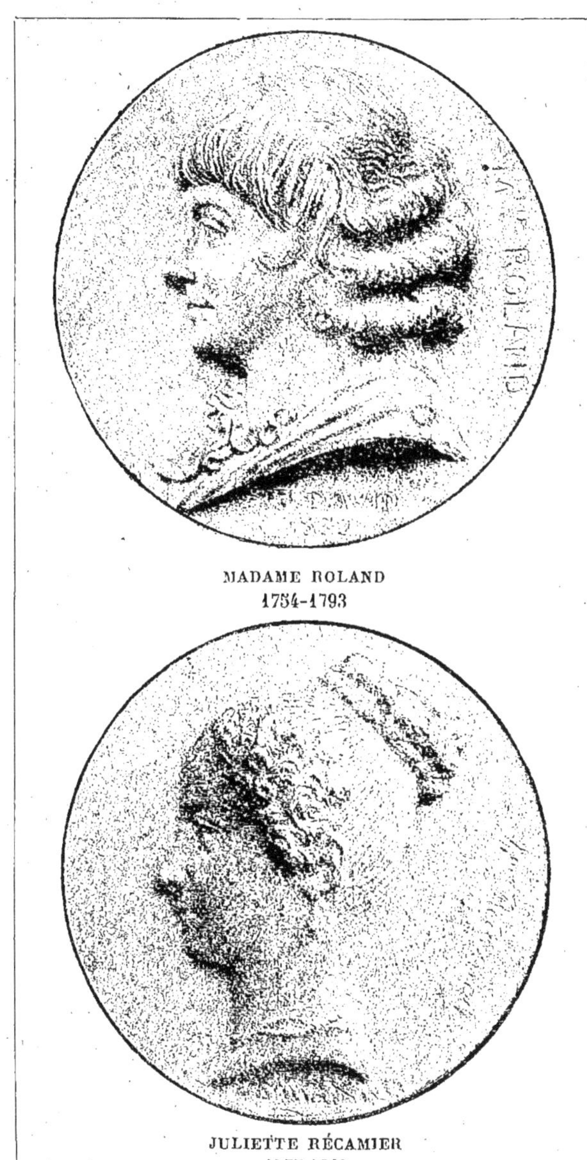

MADAME ROLAND
1754-1793

JULIETTE RÉCAMIER
1777-1849

ces facultés viennent se peindre sur la physionomie par des signes pathétiques et variés. Il faut donc que l'on rende saillante la structure monumentale de l'être pour impressionner fortement la vue du spectateur. Il reste ensuite à rendre les impressions fugitives, les nuances presque imperceptibles, indéfinissables, qui sont le prisme des passions et communiquent à une physionomie quelque chose de mystérieux que les organisations extrêmement délicates peuvent seules sentir et apprécier.

» Roland comprenait merveilleusement la sculpture monumentale destinée pour l'espace et l'éternité. Il était convaincu que la statuaire ne doit pas être un moulage de la nature, une reproduction de tous ces petits plis qui en sont les infirmités et affectent la vue aussi péniblement que ces têtes desséchées de sauvages exposées dans nos galeries d'histoire naturelle. Au contraire, il accentuait vigoureusement les grands plans qui servent à donner le caractère moral aux traits, en passant sur les détails avec une extrême délicatesse, c'est-à-dire qu'il parlait très haut pour les divisions principales et bas pour les nuances. Alors la lumière vibre, la tête vit, la bouche respire, les yeux semblent voir.

» En 1802, il exposa son modèle de la statue d'Homère. Il est impossible de pousser plus loin la science de la nature qu'il ne l'a fait dans cette composition. Les lignes en sont grandes et simples, les plans des muscles modelés par méplats, témoignent d'une profonde expérience de l'anatomie. Les fibres charnues vivent et chacune des courbes qu'elles forment est nettement dessinée, les os sont accusés sans dureté et tout le savant travail est recouvert d'une peau délicate ainsi que d'un voile transparent.

» C'est aussi à son ciseau que l'on doit la copie de la *Minerve* antique placée devant le péristyle de la Chambre des députés.

» Un jour, douloureusement miné par une affection de poitrine, il voulut quitter le lit où il se sentait mourir et revoir une fois encore son atelier confident de son génie. Là, appuyé sur la plinthe du modèle de la statue, il promenait ses yeux presque éteints sur son ouvrage de prédilection. On eut dit un tendre père qui, avant de se livrer au sommeil, va déposer le baiser du soir sur le front de ses enfants au berceau. C'était le dernier éclat d'un soleil qui va s'abîmer dans l'éternelle nuit. Qui dira ce qui se passa en lui, toutes ses émotions, toutes ses voluptés, tous ses désespoirs dans cet adieu suprême? Il succomba le 11 juillet 1816.

» C'est de Roland qu'on peut dire avec vérité : le style c'est l'homme. Ce qui distingue, avant tout, les productions du statuaire de Lille, c'est un sentiment de vie et de correction uni au grandiose exigé par l'art.

» J'avais quelques droits peut-être à retracer toutes ces luttes et toutes ces souffrances, car, moi aussi, je puis dire :

« *Non ignara mali, miseris succurrere disco :* »
(Paris, 1846).

— » Il y avait dans les commencements de la vie de Roland tant d'analogie avec ceux, plus difficiles cependant, de David d'Angers, que j'ai pensé intéresser le lecteur en mettant en rapport le maître et l'élève et en laissant s'exprimer celui-ci sur les différentes questions d'art dont personne, mieux que lui, ne pouvait parler.

J'ai choisi parmi les écrits de David sur les arts, celui qui a rapport aux statues. Bien que conçu en 1844, il est encore d'actualité. En effet,

à l'époque où nous sommes on en élève avec
une facilité surprenante, au premier venu, alors
que ce grand honneur ne devrait être rendu
qu'au Génie et au Courage.

V

Les Statues.

« S'il existe dans le cœur de l'homme un sentiment naturel et sacré, après le respect filial, c'est celui de la vénération pour les grands hommes; plus les nations sont morales et célèbres, plus ce sentiment a de puissance chez elles.

» Les statues sont pour les masses un noble stimulant, elle sont les glorieuses archives du genre humain; lorsqu'une génération entière s'est endormie dans la poussière, il reste encore un peuple de grands hommes debout sur les autels de la patrie. Ces astres brillants de la lumière du génie sont semblables aux phares, guides des marins sur la mer orageuse, ils protègent leurs frères dans leur triste odyssée à travers les siècles. Ce sont des demi-dieux,

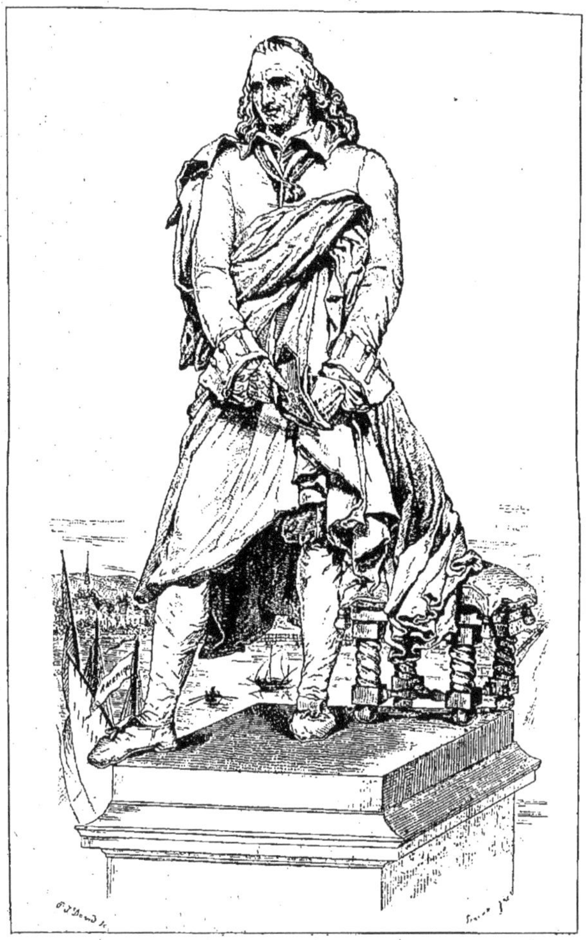

STATUE DE PIERRE CORNEILLE

des saints, qu'hormis les révolutions du globe,
nulles autres ne pourraient abattre ni effacer de

la mémoire des hommes. S'ils se trouvaient enveloppés dans une secousse de notre terre, les êtres qui nous auraient remplacés fouilleraient dans ses entrailles et exhumeraient ces figures grandioses portant sur le front le signe de leur immortalité.

» Quelle noble et difficile tâche pour un artiste ! Plus la matière dont il se sert pour ses œuvres offre de caractère de durée, plus il doit chercher à les rendre sublimes pour qu'elles ne ressemblent pas à ces muets et désespérants hiéroglyphes que les monuments antiques conservent et nous montrent avec une dérision apparente.

» C'est un fort, un puissant véhicule pour l'artiste, qu'une telle mission, car son œuvre à lui devient un livre que tous doivent pouvoir lire. Ce sont de glorieuses pages, dont la création est la pensée et les caractères, toute l'humanité dans ses types. Ces pages, burinées par la vénération et le génie, disent au peuple que le bon et le bien ont leur apothéose sur la terre, que si les pieds de l'homme se souillent dans la fange du globe, sa tête au moins touche au ciel, son dernier asile, que le malheur, quand il s'attache à quelque chose de grand, reçoit aussi son

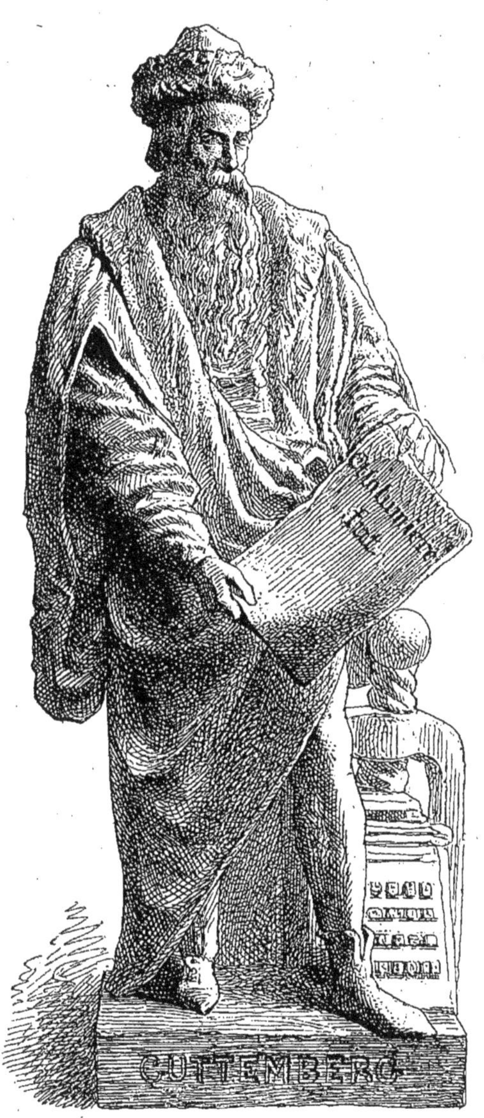

GUTTEMBERG

autel et que son image se présente aussi dans l'avenir.

» Si les Français ont si bien compris tout ce qu'ils doivent aux glorieux génies sortis du milieu d'entre eux, c'est à la Révolution régénératrice du monde qu'ils doivent d'avoir fouillé dans la poussière des tombeaux pour ressusciter ces divins météores qui viennent ennoblir de leur image le sol de la France, après l'avoir illustrée par leurs œuvres.

» Mais l'honneur de ces résurrections, si j'ose m'exprimer ainsi, revient surtout, et à juste titre, aux villes de province, ce sont elles qui, avec l'obole du prolétaire, l'argent du riche, font surgir, s'élancer dans l'avenir ces brillantes et impressionnantes réalisations rendues lisibles à l'âme, et il faut avouer sans calomnie, que le gouvernement, si habile à arrondir, à grouper les chiffres de son énorme budget, reste étranger à ces actes de justice populaire et si, à de rares intervalles, il a doté d'une faible somme une souscription ouverte, on peut être certain de ce que le monument s'élevait pour un roi un un serviteur des cours.

» Nous passerons rapidement en revue les

principales statues élevées par souscription dans les départements.

» La statue du *général Travot* à Bourbon-Vendée, son buste colossal à Cholet, s'élèvent tous deux à sa mémoire, mais l'immortel Hoche, le pacificateur de la Vendée, n'a pour monument que la statue que ses compatriotes lui firent élever par souscription à Versailles, sa ville natale. D'où vient cette différence entre deux noms si différents aussi de gloire? C'est que la lâche vengeance les Bourbons poursuivit Travot de sa haine implacable et que les âmes généreuses, car, grâce à Dieu, il en existe encore en France, protestèrent contre ces odieux souvenirs en le relevant sur son piédestal.

» Verdun voit avec orgueil la statue de son illustre *Chevert*. Le bronze a consacré les traits du profond *Montaigne* dans sa ville natale.

» Le brave d'*Assas* fait retentir dans Vigan son cri dévoué : « A moi, Auvergne, ce sont les ennemis ! »

» *Brune* vient de recevoir un semblable hommage de ses concitoyens, et la ville de Brive a prouvé qu'elle avait ressenti jusqu'au cœur les coups de poignard de l'infâme Trestaillon.

» La statue du *maréchal Lannes*, le brave des braves, décore une place de sa ville natale.

» *Jeanne d'Arc* est représentée à Orléans chassant les Anglais, qui vengèrent lâchement leur défaite sur cette héroïque guerrière.

» Tandis que la ville de Béziers inaugurait la statue de son *Riquet,* qu'une cité entière célébrait avec enivrement le souvenir du bienfaiteur de la Provence, dont la Société archéologique, aidée des souscriptions des habitants de Béziers, avait fait élever le monument au milieu d'une des plus belles fêtes que puisse se figurer l'imagination, le gouvernement faisait placer à Montpellier (ville plus qu'à moitié protestante,) sur la belle promenade du Pérou, la statue équestre de Louis XIV, commandée par la Restauration et donnée à la ville après 1830 par le gouvernement actuel. L'inauguration ne causa pas grand bruit, les ouvriers mirent avec effort le colosse sur son piédestal et c'est à peine si quelques passants s'arrêtaient un instant pour jeter un regard de mépris sur l'homme aux *dragonnades.* L'idée est heureuse, en effet, de donner à cette province l'image de celui qui fit couler tant de sang et de larmes dans les Cévennes, qu'un malheureux hasard fait indiquer du doigt à la statue. La même idée d'oubli des injures, sans doute, a inspiré le don fait par le gouvernement, quelques mois auparavant, au musée de Montpellier, c'est le portrait de l'infâme Charles IX. méditant la Saint-Barthélemy !.....

» La statue colossale du grand *Corneille* domine le pont de Rouen. Le jour de son inauguration, 3o,ooo soldats citoyens défilèrent devant l'illustre tragique et lui portèrent les armes en inclinant le noble drapeau tricolore. La tête de la statue se détachait sur le ciel et à ses pieds les navires se pavoisaient de leurs différentes couleurs nationales, tandis que les Rouennais saluaient de leurs mille voix leur célèbre compatriote. Fiers de leurs grands hommes, ils ne laissent échapper aucune occasion de témoigner leur reconnaissante admiration, et la statue d'*Adrien Boïeldieu,* placée au milieu du cours qui porte son nom, est une preuve de la juste estime des habitants de Rouen.

» La ville de Strasbourg élevait, dans le même mois, un monument à *Kléber* qui remporta l'immortelle victoire d'Héliopolis, reconquit l'Égypte et y trouva la mort sous le fer d'un fanatique et vil assassin.

» Et *Gulenberg* sublime inventeur de l'imprimerie. Après quatre siècles d'indifférence, les hommes reconnurent enfin quel bienfait ils avaient reçu de cet homme illustre. Le monument fut exécuté au moyen de souscriptions venues de presque tous les points de la France et pendant trois jours des fêtes, des plus admirables et toutes populaires (les habitants seuls en firent les frais sous la direction du comité du monument), firent tressaillir d'enthousiasme la vieille et noble cité. Les nombreux étrangers accourus de tous lieux, purent se convaincre, en voyant les bas-reliefs représentant les bienfaits de l'imprimerie dans les quatre parties du monde, que les Français se plaisent à rendre hommage à tous les membres de la grande famille humanitaire.

» *Fénelon*, le digne archevêque de Cambrai, cet homme de bien dont chaque jour de vie était une bonne action, repose dans la cathédrale de cette ville. Trois bas-reliefs représentant les traits les plus remarquables de sa noble vie et une statue couchée décorent le tombeau érigé par la reconnaissance des Cambrésiens. Une autre statue de Fénelon va être placée dans sa ville natale.

» La reconnaissance placera sous peu, à Versailles, l'image vénérable de *l'abbé de l'Épée.*

» Les compatriotes du célèbre *Cuvier* ont placé au milieu d'eux sa statue à Montbéliard. Le jour de l'inauguration, à l'instant où le voile qui recouvrait la statue fut enlevé, quinze cents voix des deux sexes chantèrent un hymne qui s'éleva jusqu'au ciel.

» Une souscription européenne a fait élever au Jardin des Plantes une représentation de Cuvier, l'illustre savant qui sut ravir aux profondeurs du globe les pages de son histoire.

» Laval a inauguré en 1840 une statue en bronze d'*Ambroise Paré.* Sur la plinthe est gravée la devise naïve et pieuse du chirurgien que son talent et le besoin qu'en avait le roi, sauva des massacres de la Saint-Barthélemy : « *Je le pansay et Dieu le guarit.* »

» La ville de Cateau-Cambrésis, où est né le *maréchal Mortier,* vient de lui élever une statue.

» Dans la petite église de Saint-Florent (Maine-et-Loire) où furent enfermées les 5,000 prisonniers républicains auxquels *Bonchamps* mourant sauva la vie, est placé la statue du général vendéen, sur son tombeau. Cet ouvrage est du fils d'un des 5,ooo prisonniers.

» En élevant une statue à *René d'Anjou*, dans la ville d'Aix, la Provence songea plus au philosophe, peintre, écrivain, qu'à la tête couronnée, et certes si le souvenir du bon roi lui est resté si précieux, c'est grâce à la tradition qui le représente se chauffant le dos contre une muraille exposée au midi. Il y avait une véritable philosophie dans ce royal peintre, qui avait peint sa femme la tête ceinte d'une couronne de reine et dévorée par les vers du cercueil.

» Cent mille citoyens, consternés par la mort du *général Foy*, votèrent un million à sa famille, un monument au tribun intrépide. Le tombeau est au Père-Lachaise, quatre bas-reliefs ornent le piédestal de la statue ; ils représentent : un combat en Espagne ; le général, à la tribune, entouré de tous les membres marquants de l'opposition de cette époque et dont bon nombre ont malheureusement prouvé depuis que cette opposition n'était pour eux qu'une question d'hommes et non de principes : le convoi du général suivi

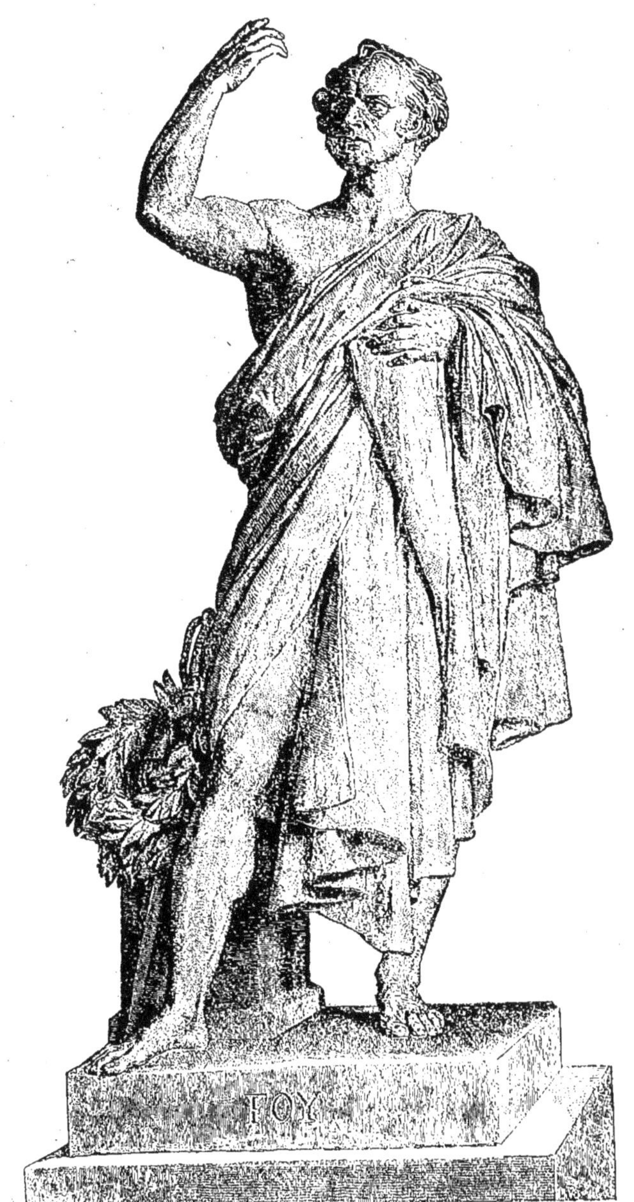

10

de ses collègues et, sur l'une des faces, le génie
de la Guerre et celui de l'Éloquence.

» Le gouvernement a ordonné, la Ville de Paris,
par son Conseil municipal, a payé le magnifique
tombeau érigé à l'un de ses personnages, le chef
des justes-milieux, le grand *Casimir Périer*. Le
ministre est représenté le poing fermé, comme
pour faire respecter la Charte Bérard et compagnie, qu'il tient de l'autre main.

» La noble figure du patriote et chevaleresque
Carrel décore le tombeau qui l'a ravi si jeune à
son pays, dans le modeste cimetière de Saint-
Mandé. Il est représenté au moment où il pro-
nonce devant les Pairs ses mémorables paroles
accusatrices sur l'assassinat du maréchal Ney.

» Angers élèvera sous peu un monument à
l'illustre *Beaurepaire*, chef du 1er bataillon de
Maine-et-Loire, qui se brûla héroïquement la
cervelle pour ne pas subir l'humiliante capitula-
tion de Verdun et dont la mort eut sur les soldats
de la République une si prodigieuse influence.
Cette statue sera en même temps une consécra-
tion du souvenir de cette intrépide Légion ange-
vine qui marcha la première vers les frontières
pour repousser les ennemis de la Liberté.

» Bourg attend avec impatience la terminaison de la statue de l'immortel auteur de « la Vie et la Mort », *Bichat,* né dans ses murs.

» La ville de Mayenne s'occupe aussi de ressusciter dans son sein l'image de son digne fils, le vertueux *Cardinal de Cheverus,* ancien évêque de Boston.

» La Restauration éleva par souscription l'immonde figure de *Louis XV,* dans la ville de Reims, le peuple ne participa pas à cette souscription.

» Les habitants de Beaufort (Maine-et-Loire) ont souscrit pour faire représenter leur bienfaitrice, *Jeanne de Laval,* deuxième femme de René d'Anjou.

» Le statuaire David a offert au maire de la ville de Rennes d'exécuter gratuitement la statue du tailleur *Le Perdrix,* maire de la ville en 1792 et 1793.

» Les royalistes érigèrent, sous la Restauration, une statue au traître *Pichegru.* Elle fut renversée de son piédestal en 1830, et les patriotes la remplacèrent par un drapeau tricolore, en attendant que l'auteur de la « Marseillaise », *Rouget de Lisle,* y ait sa statue?

« Le Génie de la Liberté s'élève, dit-on, sur la colonne de Juillet. Beaucoup de personnes persistent à regarder ce Génie comme celui du juste milieu. N'aurait-il pas été plus logique de représenter sur cette colonne, un homme du peuple appuyé sur son fusil, véritable allégorie de la Liberté et que le peuple, avec son sens droit, aurait certes bien comprise.

» La ville de Valence s'occupe de la réalisation d'un monument au républicain *Championnet*.

» L'autorité avait toléré pendant quelques années un buste placé en 1830 sur une fontaine de la Place des Invalides, modeste monument élevé au *général Lafayette*. Mais, trouvant que le plâtre résistait trop longtemps aux intempéries des saisons, elle l'a fait briser et le fondateur de la nouvelle monarchie n'a plus un seul monument.

» La Ville de Paris fait les frais du tardif monument élevé à la mémoire de *Molière*, mais enfin « *e meglio tardi che mai* ».

» Ne semblerait-il pas que les Tartufes, dont la race semble indestructible, ne peuvent lui pardonner de les avoir mis au pilori du sarcasme des siècles, et le poursuivent encore en le reléguant à l'angle d'une rue comme une borne-fontaine. Est-il donc trop peu pour pouvoir être placé sur une place publique ? A Paris, elles sont consacrées d'avance aux têtes couronnées, et pourtant, quelle est la gloire royale qui puisse lutter contre ce grand génie !

» Je suis tout émerveillé qu'on veuille bien permettre aux provinces d'élever les images de leurs grands hommes sur les places publiques. C'est que sans doute, la province ne tire pas à conséquence.

« On peut voir, à Versailles, la statue du *maréchal Jourdan*, mais la tête seule a été faite en son honneur, car tout le corps appartient de droit au *général Valhubert*, destiné à décorer le pont Louis XVI, mais qu'on a guillotiné pour substituer sur ses épaules (système d'économie de la liste civile) la tête de l'illustre maréchal à la sienne propre.

» La Restauration avait fait exécuter trois statues de *Louis XVI*, destinées à la Place de la Révolution, à Nîmes et à Bordeaux. On a oublié depuis 1830 de les élever sur leurs piédestaux.

» *Louis XIV* se pavane sur l'une des places publiques de Caen. Le grand despote a toujours trouvé grâce devant ses successeurs couronnés. Napoléon même l'honorait et l'aimait.

» Boulogne-sur-Mer a érigé un buste colossal à Henri II. Ce roi avait battu les Anglais. C'est ce qui lui a mérité le souvenir des Boulonnais.

» La Ferté-Milon, patrie de *Racine*, possède sa statue en marbre.

» Château-Thierry s'enorgueillit de l'image du *bon La Fontaine*, né dans son sein.

» Les mariniers de Clameçy élèvent de leur modeste souscription, un buste colossal à *Jean Rouvet*, leur compatriote, inventeur des trains de bois. Il est placé sur le pont.

» Une chose assez plaisante est arrivée à l'égard du modèle de ce buste. L'artiste eut l'idée d'offrir le modèle en plâtre à la mairie de Clamecy, mais le maire n'ayant pas bien compris la lettre d'envoi, crut que c'était un buste du roi Louis-Philippe, et renvoya, sans l'ouvrir, la caisse au statuaire, en disant que la ville possédait déjà un buste de Sa Majesté. Peu de temps après, la méprise s'éclaircit et l'autorité accepta alors avec reconnaissance, le buste de *Jean Rouvet*.

« Il faut certainement élever beaucoup de mo-

numents aux grands hommes, mais il faut le
faire avec justice et discernement, afin que cet

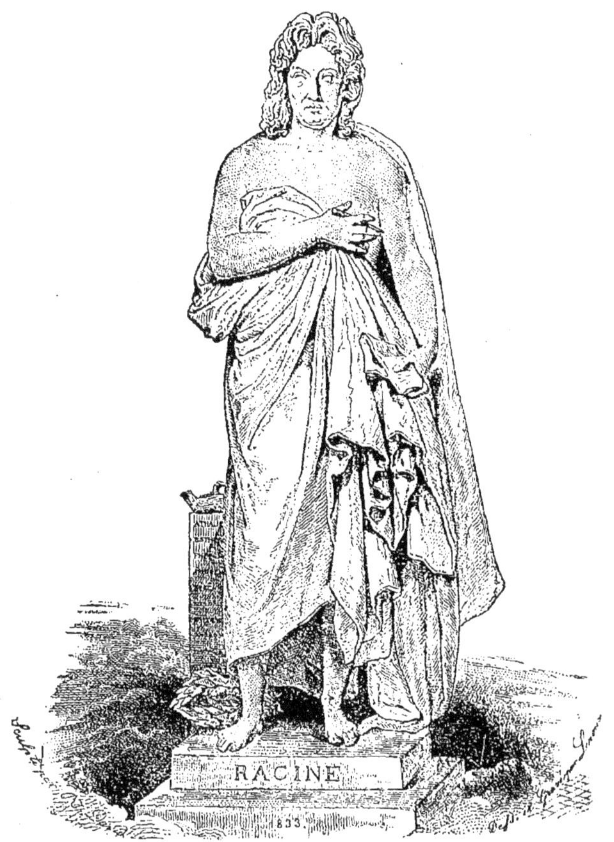

honneur ne devienne pas banal, et ne fasse pas
manquer le but, c'est-à-dire la vénération et
l'émulation des peuples.

» A Rome, dans le Bas-Empire, il y avait plus

de statues que d'hommes, on les prodiguait d'une manière ridicule. Un avocat plaidant une cause importante exigeait une statue, s'il gagnait son procès. Ce n'était donc plus qu'un portrait en pied de l'homme, plus d'apothéose. C'était la prostitution d'une chose qui ne reste sacrée que tant que le peuple conserve des idées de véritable grandeur et de moralité. Cela se passait, à la vérité, à la dislocation du colossal Empire romain.

» Il faut, je le répète, être très scrupuleux sur le choix des personnages auxquels on veut ériger des monuments.

» Je voudrais que, dans toutes les villes, l'érection d'un monument en ce genre, fût le motif d'une délibération du conseil municipal et qu'ensuite, le nom désigné par lui fût inscrit sur un registre sur lequel chaque citoyen apposerait son vote d'adhésion ou de répulsion. Puis, tel mériterait une statue, tel un buste, tel une simple inscription.

» Ainsi, l'admission d'un homme célèbre au Panthéon n'aurait lieu qu'après un décret de l'Assemblée nationale ; puis le scrutin de la Nation, par le moyen de registres ouverts dans

toutes les communes de France, viendrait sanc-
tionner la décision.

» Un semblable honneur serait une véritable
apothéose et il n'y aurait pas à craindre que
jamais un nom confirmé de cette manière pût
être effacé du temple de la Gloire. »

VI

Brillant début.

Roland, frappé par la mort, n'ayant pu exécuter la statue de Condé, ce fut David, son élève,
qui fut chargé de la faire pour la décoration du
pont Louis XVI (depuis pont de la Concorde).
Cette statue, moitié d'exécution, figura au Salon
de 1817. Condé est représenté jetant son bâton
de commandement dans le camp ennemi, à
Fribourg. L'énergie du mouvement, ainsi que
l'heureux arrangement du costume, plaça du
coup le jeune statuaire dans les premiers. Une
femme du peuple, devant le marbre qui fut placé
pendant quelque temps sur le pont, dit en le
voyant : « On dirait d'un ouragan ! » Cette statue
est actuellement dans la cour d'honneur à Versailles.

A ce moment-là, le père de David, le croyant définitivement lancé et riche par le travail qui lui était commandé, envoya à son fils ses deux plus jeunes sœurs. L'une d'elles, celle que la douceur de son caractère lui faisait aimer le plus, mourut peu de temps après son arrivée à Paris.

En cette même année 1817, David fait le médaillon de Vadier (1), ancien conventionnel, alors octogénaire, et que les lois de proscription obligeaient de quitter la France. Pendant toute sa vie il recherchera à reproduire les traits des grands hommes de l'époque de notre Révolution française.

Louis XVIII conçut le projet d'élever un monument à la mémoire de Bonchamps, le général vendéen qui, en mourant, avait sauvé la vie à quatre mille prisonniers de l'armée républicaine enfermés dans l'église de Saint-Florent et parmi lesquels était le père de David. David d'Angers fut chargé de ce monument qui est placé dans l'église derrière l'autel. Puis viennent les statues

(1) Marc-Guillaume-Albert Vadier, né à Pamiers (Ariège) le 17 juillet 1736, magistrat, député de l'Ariège aux États-Généraux et à la Convention, mort à Bruxelles le 14 décembre 1828.

du *roi René* pour Aix–en–Provence, de *Racine*
pour La Ferté–Milon, de *Fénelon*, pour la cathédrale de Cambrai.

David d'Angers, cruellement éprouvé par la
mort de sa plus jeune sœur, devait à peu de
temps de là, le 17 janvier 1821, éprouver un
nouveau chagrin. Son père, âgé de soixante-
quatre ans, mourait à Angers entre les bras de
sa fille aînée, la seule qu'il eût près de lui.
Pierre-Louis David fut accompagné à sa dernière
demeure par Jacques Delusse, le bienfaiteur de
son fils.

Après ce deuil cruel, David se présenta, sur
l'invitation d'un de ses amis, chez La Révellière-
Lépeaux (1), l'ancien membre du Directoire, dont
il connaissait bien la vie et dont il admirait le caractère ainsi que la conduite si noble pendant la
Révolution. La Révellière, après avoir été mis
hors la loi au 31 mai, n'avait pu reparaître à la
Convention nationale qu'après le 9 thermidor.
Comme membre du Directoire, il avait, par ses
dons, contribué à la fondation du Musée d'An-

(1) Louis-Marie de La Révellière-Lépeaux, né à Montaigu
(Vendée) le 24 août 1753, avocat, député de Maine-et-Loire aux
Etats-Généraux et à la Convention, membre du Directoire et de
l'Institut, mort à Paris le 27 mars 1824.

gers. Tous ces titres avaient inspiré à David le

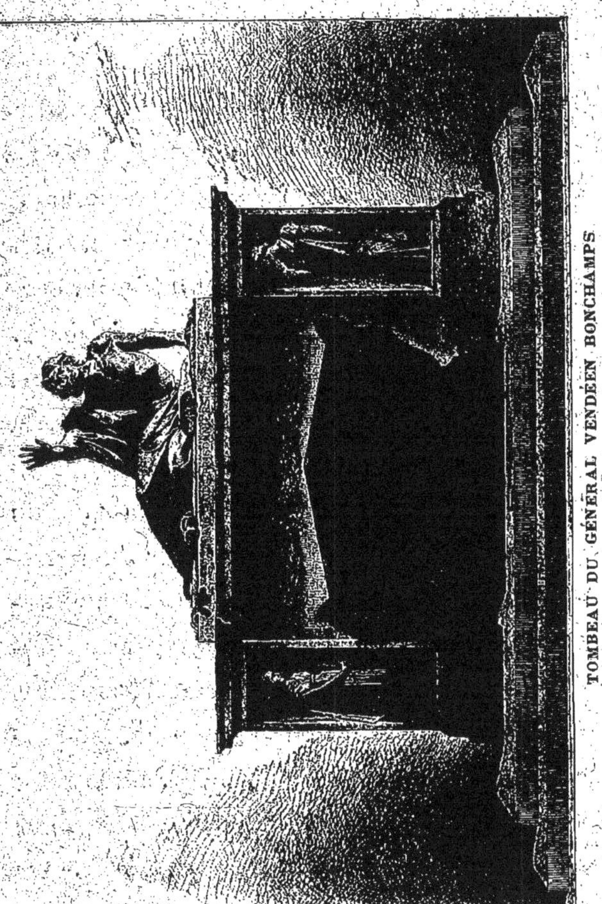

TOMBEAU DU GÉNÉRAL VENDÉEN BONCHAMPS

désir de faire son buste, qui fut terminé peu de temps après sa mort, le 27 mars 1824.

Sept ans plus tard, David devait épouser

Mlle Émilie Maillocheau qui, orpheline de bonne heure, fut élevée par Mme La Révellière-Lépeaux, sa grand'mère.

A peu de distance de cette époque, David, qui n'avait pas oublié son bienfaiteur, fit le buste de Lacépède, le savant qui lui avait fait parvenir, au moment où en 1811 il allait entrer en loge, la somme de cinq cents francs, pour l'aider dans ses travaux et soulager aussi son peu d'aisance.

Au salon de 1824, David eut une exposition très importante. Il envoya onze ouvrages. Au nombre des bustes, celui de Desgenettes, un bas-relief pour un des œils-de-bœuf de la cour du Louvre représentant l'*Innocence et la Justice*, et enfin la *statue de Bonchamps*, dont l'inauguration eut lieu à Saint-Florent-le-Vieil, le 11 juillet 1825.

Sur une gravure de ce monument, que le statuaire offrit à son ami Dévéria, il écrivit : « Mon père était un des quatre mille prisonniers dans l'église de Saint-Florent, dont Bonchamps a demandé la grâce avant de mourir. En exécutant ce monument, j'ai voulu acquitter, autant que cela m'était possible, la dette de reconnaissance de mon père. »

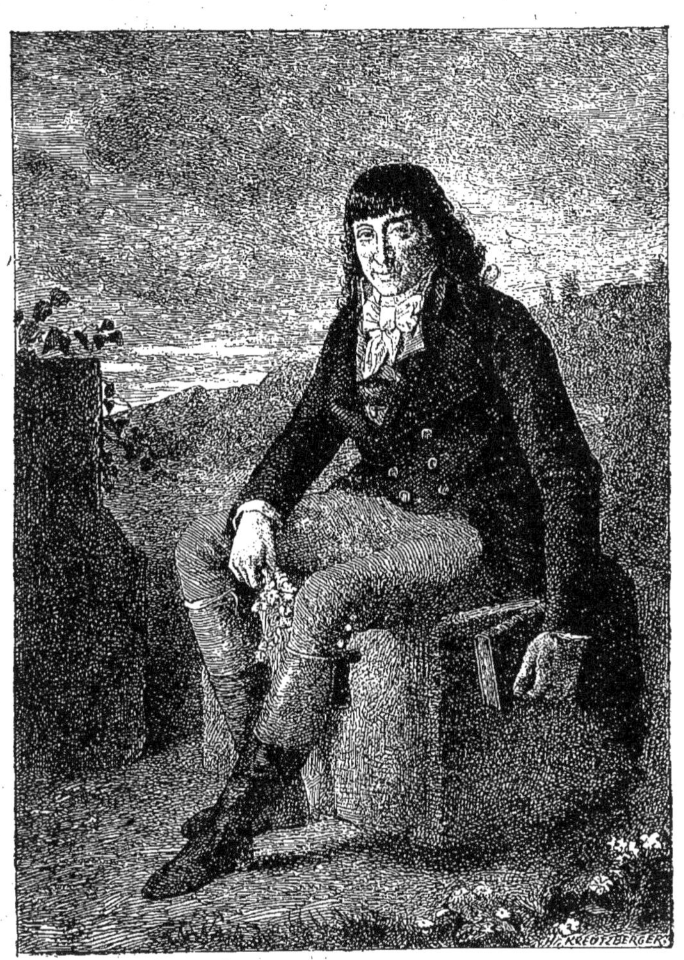

LOUIS-MARIE DE LA RÉVELLIÈRE-LÉPEAUX

1753-1824

Beaucoup plus tard, le 17 septembre 1854, David écrivait à son ami l'archéologue Benjamin Fillon :

« Un jour, je vous enverrai le médaillon de Bonchamps. Cet homme a légué à l'avenir une leçon de générosité à tous les partis qui se dévorent dans les guerres civiles. Mon père lui a dû la vie, car il était un des prisonniers républicains enfermés dans l'église de Saint-Florent, avec aussi le Régulus nantais Houdaudine, dont j'ai eu aussi l'honneur de faire le portrait que je vous enverrai.

« Après le combat, il n'y a plus d'ennemis, ce sont des frères égarés, mais ce sont nos frères, et d'ailleurs, nous autres artistes, nous sommes les historiens des traits. J'ai du marbre et du bronze pour le génie, la vertu et le courage héroïque, je n'en ai point pour les tyrans ou les Rothschild. »

En 1826, le monument de Fénelon est inauguré à Cambrai. Dans un des bas-relifs qui décorent le piédestal, Fénelon, précepteur du duc de Bourgogne, est représenté au moment où il apprend à son royal élève *que les princes doivent s'inspirer de leur cœur dans le gouvernement des peuples.*

De Cambrai, David se rendit à Bruxelles. Il avait embrassé, à Angers, M. Delusse, son premier maître, il voulait revoir le second, le grand peintre, le conventionnel Louis David, proscrit depuis la rentrée des Bourbons. Arrivé trop tard, il ne put que déposer sur son cercueil une couronne avec ces mots: « Un élève reconnaissant est venu sur cette terre étrangère saluer ta dépouille mortelle et il laisse sur ta tombe ce faible tribut de son admiration. »

12

Glorieuse carrière.

Le 5 août 1826, David fut élu membre de l'Institut, au premier tour de scrutin, en remplacement de Stouf. Quelques mois après, le 7 décembre, il fut nommé professeur à l'École des Beaux-Arts, au premier tour aussi.

C'est à partir de ce moment qu'il se consacra tout entier à l'*art national*. « Me voilà nommé professeur, écrit-il, à présent mon sort est fixé, je suis libre de céder à ma pente. Je pourrai choisir des sujets moraux grands et généreux. La sculpture est une langue divine pour honorer les grands hommes, et le sort m'a singulièrement favorisé en me mettant à même de fixer l'image de plus d'un homme illustre de ce temps. »

On lui confie la statue du *Général Foy*, qui

est sur son monument au Père-Lachaise. Dans les bas-reliefs, il reproduit les traits de tous les hommes politiques remarquables du temps (1827). On peut dire que c'est à partir de cette époque surtout qu'il écrit « l'histoire de son temps » par ses médaillons.

David avait été chargé par la Commission d'exécuter ce monument, aucune des esquisses du concours n'ayant été jugée satisfaisante par elle. Un des concurrents évincés avait conçu contre lui une haine implacable. Un soir que David sortait de chez son ami de Gisors, archi-tecte du Luxembourg, pour aller à une soirée chez le peintre Gérard, il fut attaqué et frappé à la tête près de l'abbaye Saint-Germain des Prés par un homme qui, en même temps, lui prit son manteau et sa montre, pour donner le change, Un ouvrier qui passait, le releva ; mais craignant d'être pris pour l'assassin, il se sauva après avoir toutefois lavé le front de David, inondé de sang, à l'eau de la fontaine près de laquelle il était tombé.

Il fut transporté chez lui par d'autres pas-sants charitables. Il faillit mourir. Mais, bien que connaissant parfaitement son assassin, un statuaire aussi, pressé de questions par la police il ne voulut pas le nommer.

Il fit aussi, pour le Père-Lachaise, la sculpture du *Tombeau du maréchal Suchet*, son buste et un bas-relief représentant la Victoire inscrivant sur un canon les batailles où se distingua l'illustre maréchal.

Rouget de Lisle, qu'il avait été trouver, 28, rue du Battoir, sous prétexte de lui remettre, de la part de l'abbé Grégoire, le conventionnel, une somme d'argent que celui-ci avait recueillie en vendant sa musique pour lui venir en aide, posa, non sans peine, pour le médaillon colossal que David a laissé de lui. L'auteur de la *Marseillaise*, en effet, abîmé de rhumatismes, était enveloppé dans des couvertures de laine et complètement anéanti, Le statuaire ne put le *retrouver* qu'en lui faisant conter l'histoire de notre hymne national.

La même année, il exécute, en marbre, la statue d'une jeune fille qui, couchée, épèle le nom de Marco Botzaris. C'est ainsi qu'il représentait *la jeune Grèce* sur le tombeau du héros de l'indépendance grecque tué à Missolonghi.

Béranger venait d'être condamné à la prison

pour ses *Chansons inédites,* au moment où David devait faire son buste. Il n'y avait pas de temps à perdre. Le peintre Ary Scheffer devant aussi faire son portrait, ils se mirent tous deux à l'œuvre la veille de son entrée en prison, l'un avec sa terre glaise, l'autre avec sa palette, et ils enlevèrent en une journée le buste et le portrait peint du chansonnier populaire.

David avait aussi exécuté en carton-pâte la frise de l'Odéon, grand et intéressant travail qui décorait les galeries du théâtre, avec la reproduction de nos grand auteurs dramatiques et leurs plus belles œuvres. Il y avait aussi un plafond représentant l'Olympe. Tout cela fut détruit lors de l'incendie de ce théâtre.

L'enterrement du général Lamarque (1832) fut l'occasion d'un sérieuse émeute. Il y eut des barricades et collision entre les troupes et le peuple. David avait été sur la place de la Bastille où le corps du général, traîné sur un char par la jeunesse des écoles, était arrivé au milieu d'une très grande effervescence. « En quittant le faubourg Saint–Antoine, écrit–il, je longeai une petite rue qui avoisine Saint–Merry. Une charge de cavalerie eut lieu. Tout le monde de se sauver, afin de se garer des coups de sabre. Je ne bougeai pas. Un dragon leva son sabre sur ma tête, mais le ruban rouge que je portais à la boutonnière frappa son regard et je fus épargné. Je crois aussi que le calme apparent dont je fis preuve impressionna ce soldat. »

Le statuaire fait les bustes de Rossini, du général Lafayette, du grand poète Lamartine, de Chateaubriand. Il va à Weimar faire le buste de Gœthe. C'est là qu'il fit connaissance du poète polonais proscrit, Adam Mickiewicz, dont il devait faire aussi plus tard le buste. Il alla avec lui visiter le champ de bataille d'Iéna et en rapporta précieusement une crosse de fusil trouvée sous ses yeux dans une fouille. Pendant son séjour en Allemagne, il fit des médaillons de Vogel, de Schinckel, de Schlegel, les bustes de Tieck et Alexandre de Humboldt.

Revenu à Paris, il fait fondre en bronze la *statue de Corneille* pour Rouen et il termine le marbre de celle de *Talma* pour la Comédie-Française. Viennent ensuite la statue en bronze de *Jefferson* pour Philadelphie, les marbres des statues du maréchal *Gouvion-Saint-Cyr*, au Père-Lachaise, de *Philopœmen* pour le Jardin des Tuileries, actuellement au Louvre, l'*Enfant à la grappe*, et enfin les travaux, bas-reliefs et statue de l'*Arc*

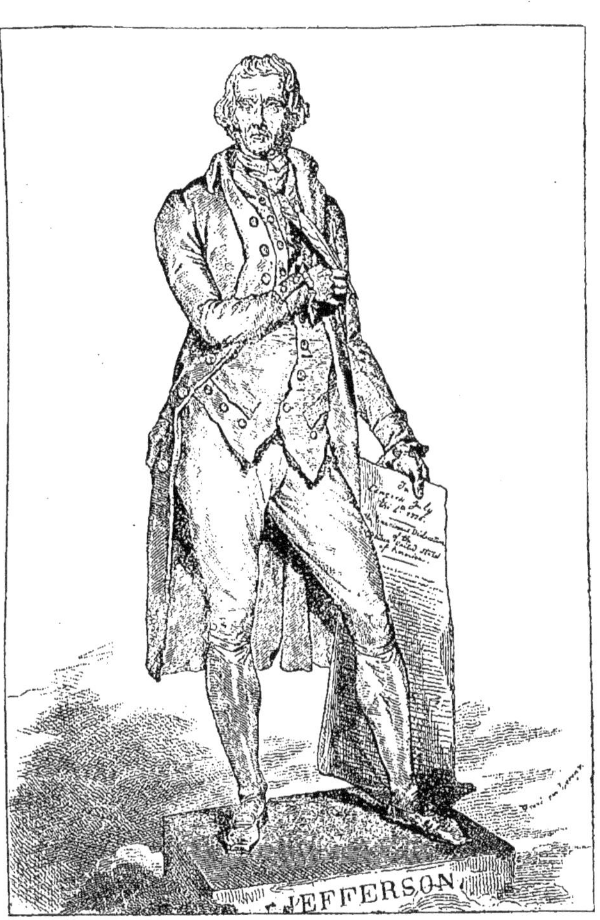

de Triomphe de la porte d'Aix, à Marseille. David devait décorer les deux côtés de ce monument, mais on en donna un à exécuter au statuaire Ramey fils.

Louis Philippe, sur la proposition de Guizot, ministre de l'Intérieur, décréta, le 26 août 1830, que le Panthéon redevenait le temple national affecté aux restes de ceux qui avaient bien mérité de la patrie. On allait rétablir l'inscription « *Aux grands hommes, la Patrie reconnaissante.* »

David, sur la recommandation de Charles Lenormand, conservateur de la Bibliothèque nationale, son ami, fut chargé d'exécuter le fronton du Panthéon. Dans ce bas-relief, le statuaire a représenté, entre autres, le général Bonaparte, que jamais il n'a voulu représenter empereur. Près de lui se trouve le jeune tambour d'Arcole, et un grenadier, à la figure énergique, appuyé sur son fusil. C'est un portrait.

Voici à son sujet ce que raconte David (1) :

« Il y avait en 1820, rue de la Harpe, un café tenu par Chavinot. C'était là que se réunissait la jeunesse républicaine. David, revenu depuis quatre ans de l'Académie de Rome, était là un jour, lorsque, à la porte du café, se présente un

____

(1) Récit d'après une note manuscrite de David d'Angers.

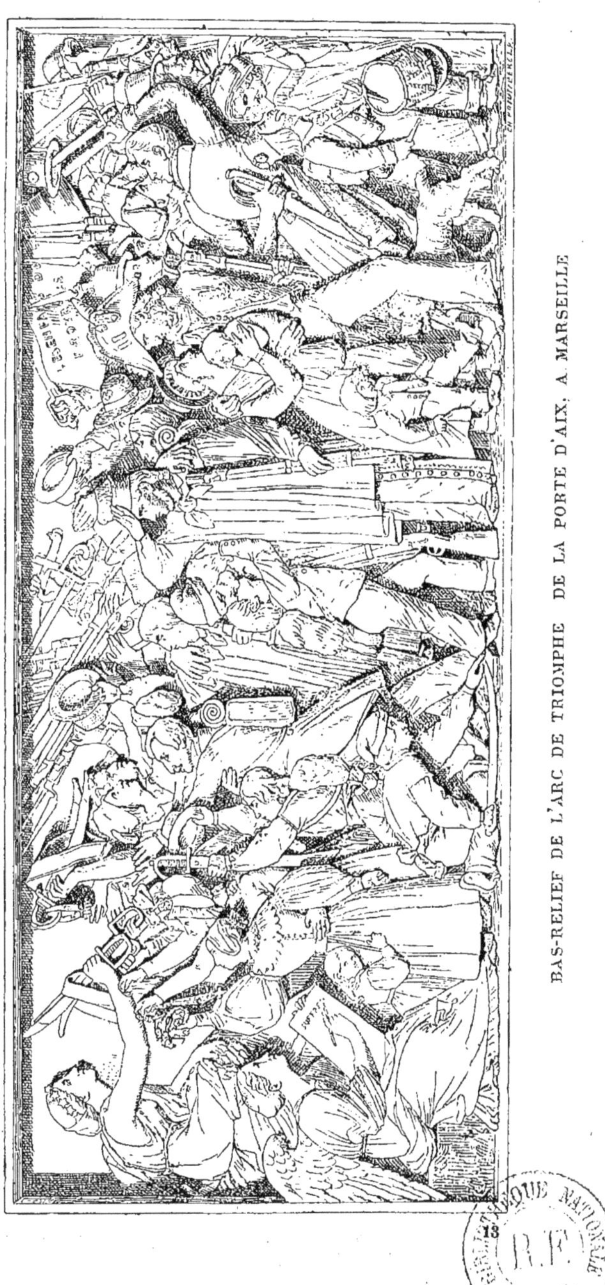

BAS-RELIEF DE L'ARC DE TRIOMPHE DE LA PORTE D'AIX, A MARSEILLE

grand vieillard amaigri et ayant peine à se contenir. Il tend sa main osseuse vers le comptoir,
on le met à la porte. David le suivit et, l'ayant
rejoint, il lui mit dans la main une pièce de cinq
francs. Le vieux brave le regarda avec étonne-
ment. S'étant caché dans une porte, il vit le vieillard se diriger vers le faubourg Saint-Marceau.
Le suivant toujours, il le vit entrer chez un boulanger acheter du pain, puis se diriger vers une
maison délabrée. C'est là qu'il demeurait.

» Le lendemain, David revenait et pénétrait
chez le vieux grognard. Dans la mansarde où il
habitait, pas de meubles, une pierre servait de
siège et de la paille lui tenait lieu de lit. Au mur,
un vieux sabre était pendu, c'était le seul ornement de la pièce. Ce vieillard était un débris de
la 33e demi-brigade, un « Brigand de la Loire ».
Son nom était Pierre Bertrand. On l'avait sur-
nommé « Trompe la Mort », et le Premier Consul,
le jour de la Bataille de Marengo, lui avait donné
un sabre d'honneur. Il avait parcouru victorieu-
sement toute l'Europe jusqu'à Waterloo.

» Pendant plus d'un an, David pourvut aux besoins de ce brave, bien que n'étant pas riche lui-
même, puisqu'il avait à soutenir son vieux père

et ses deux sœurs. Forcé de quitter Paris pendant quelque temps, il alla à son retour rue du Mûrier, mais à peine avait-il posé le pied sur l'échelle qui conduisait à la mansarde du grenadier qu'il entendit des rires d'enfants ! Son cœur se serra, et, questionnant les voisins, il apprit que le vieux brave, à bout de forces, s'était couché pour ne plus se relever. S'il a succombé sans honneurs, ses traits sont aujourd'hui immortalisés sur le fronton du Panthéon. »

Cette œuvre ne s'avança pas sans discussions très vives entre le statuaire et le gouvernement. L'esquisse, présentée à M. Guizot, ministre de l'Intérieur, avait été acceptée sans réserves. En 1834, M. Thiers, alors ministre, fit venir David. Lafayette et Manuel, qu'il avait mis dans son bas-relief, gênaient le gouvernement. La presse cléricale et ses défenseurs réclamaient bruyamment contre la présence de Voltaire et de Rousseau sur les parois d'un temple enlevé au culte, mais qui pouvait un jour lui revenir. Enfin le statuaire refusa de modifier quoi que ce fût dans l'esquisse officiellement acceptée. M. Thiers n'insista pas et il contresigna la commande. Au mois de juin 1837, le bas-relief était terminé.

Le 21 juillet de la même année, M. de Monta-
livet, qui avait repris le portefeuille de l'Intérieur, entama avec David de nouvelles négocia-
tions pour lui faire opérer quelques modifications.
Il s'y refusa toujours énergiquement et demanda
que l'inauguration eût lieu pour l'anniversaire
des « journées ». Il ne put l'obtenir. Les élèves
des écoles proposèrent alors à David de mettre
le feu aux échafaudages. Un membre de la
famille de Desgenettes vint lui proposer d'orga-
niser une inauguration populaire ; il ne consentit
à aucune de ces demandes.

Au mois de septembre, un matin, les ouvriers
commencèrent à enlever les échafaudages, aux
applaudissements de la foule. Le 6 décembre 1851
le renégat Fortoul, ministre de Napoléon III,
fut sur le point, après le décret qui rendait le
Panthéon au culte catholique, de faire détruire
le fronton. Fut-il retenu par l'image du général
Bonaparte, craignait-il la réprobation populaire ?
toujours est-il qu'il n'osa pas toucher à ce chef-
d'œuvre ni effacer la devise : « *Aux grands
hommes, la patrie reconnaissante.* »

David d'Angers était dans son atelier, en train
de terminer le marbre du buste de Cuvier, lors-

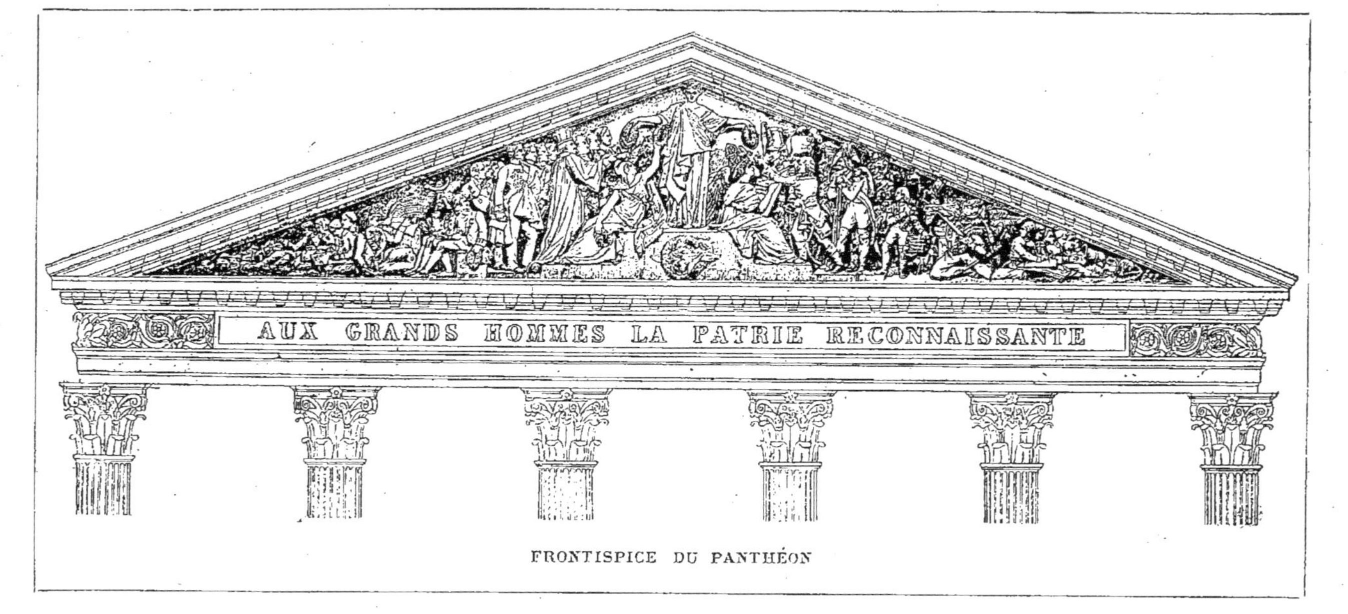

FRONTISPICE DU PANTHÉON

qu'il reçoit la visite de M. de Talleyrand, amené
par un membre de l'Institut. « Il vous faudrait
un buste comme cela, dit celui-ci au diplomate
en se plaçant devant l'artiste. » Mais David, qui
avait de bonnes raisons pour ne pas vouloir faire
ce buste, s'excusa, en disant que ses nombreux
travaux ne lui permettraient pas de l'entreprendre. M. de Talleyrand ne se le fit pas dire
deux fois et sortit aussitôt.

Le 17 novembre 1839, la ville d'Angers inaugurait *le Musée David*. Une grande salle voûtée,
précédée d'autres salles dans le Logis Barrault,
là même où David, tout jeune, était venu suivre
les cours de dessin de l'École centrale, fut dis-
posée pour recueillir les envois que le statuaire
angevin avait déjà faits, en grand nombre, à sa
ville natale.

Au centre de la grande salle, se trouve l'autel
de la Patrie sculpté en bois par le père de David
et sur lequel se trouve le buste de David d'Angers, exécuté en marbre par Toussaint, son
élève. Chaque modèle, soit d'une statue, soit
d'un buste ou d'un bas-relief, en plâtre ou terre
cuite, la collection complète de ses médaillons
en bronze, était envoyé par lui à sa ville natale.

Avec les envois de Rome et une collection importante de dessins, ces œuvres constituent un ensemble très important, qui montre le génie du statuaire et sa puissance de travail. Il faut espérer que quelques-unes de ses œuvres des plus importantes viendront avant peu compléter cette réunion unique de l'œuvre colossale d'un artiste.

La ville de Béziers éleva en 1837 une statue à *Riquet*. David, dont l'œuvre avait été inaugurée au milieu des fêtes joyeuses et d'un grand enthousiasme populaire, avait reçu, de la part de la municipalité, le droit de cité. Une des rues de la ville porta son nom. M. Isabelle, architecte, qui avait fait le piédestal de Riquet, ayant été chargé de construire le théâtre, ce fut David que l'on pria de faire la décoration de la façade par des bas-reliefs. De même ses dessins servirent pour le plafond de la salle de spectacle.

On coule en bronze la statue d'*Ambroise Paré* pour Laval, celle de *Bichat* pour la ville de Bourg et celle du *cardinal Cheverus* pour Mayenne. La statue de *M. de Belmas*, évêque de Cambrai, est exécutée en marbre pour cette ville. L'inauguration de la statue de *Gutenberg* à Strasbourg eut un grand éclat patriotique.

A la même époque David finit le marbre de la statue de Bara, le jeune hussard, qui ne voulut pas crier : « Vive le Roi », fut criblé de balles et mourut en criant : « Vive la République. » Le statuaire l'a représenté couché agonisant et pressant sur son cœur la cocarde tricolore.

Il modela une quantité de médaillons de personnages de la Révolution, les uns d'après des portraits du temps que lui prêta la veuve de Lebas, les autres d'après les modèles eux-mêmes. Ce sont : Boissy-d'Anglas, Saint-Just, Gohier, Caesanyès, Carnot, Talot, Garat, Bouchotte, Barère, Parent-Réal, les deux Robespierre, Couthon, Lebas, Le Peletier-Saint-Fargeau, Lakanal, Condorcet, Guyton de Morveau, etc., etc.

Après vinrent les bustes d'André Chénier, de son frère Marie-Joseph, ainsi que celui de Casimir Delavigne, tous deux pour la Comédie-Française; celui de Mickiewicz, le poète polonais proscrit, qui, depuis sa rencontre avec le statuaire chez Gœthe, à Weimar, était devenu son ami; Balzac, qui est sur son tombeau, au Père-Lachaise. Il fit encore celui de Paganini, de Charles Nodier, de François Arago.

Parmi les contemporains, il fit les médaillons

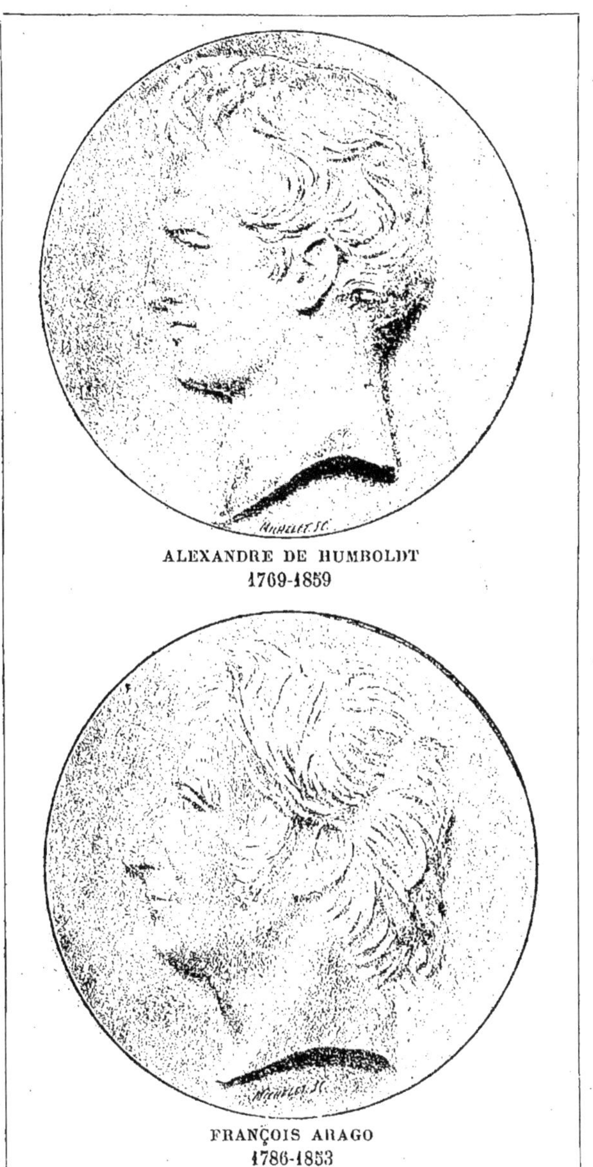

ALEXANDRE DE HUMBOLDT
1769-1859

FRANÇOIS ARAGO
1786-1853

de Thiers, Lamennais, Brongniart, Dumas le chimiste, Gustave Planche, Berzélius, etc., etc.

David se transporta à Bruxelles pour faire le médaillon de Lelewell, homme politique et historien, polonais proscrit. Il écrit à son ami Benjamin Fillon : « M. Trastour de Montaigu a bien voulu se charger du médaillon de Lelewell. J'ai fait exprès le voyage de Bruxelles pour conserver les traits de cet homme et je l'ai trouvé dans le plus que modeste « Hôtel de Varsovie », occupant une chambre qui atteste le dénuement le plus pénible. Là, l'illustre vieillard vit au milieu de travaux qui doivent immortaliser son nom, supportant noblement la misère et toujours mû par ses sentiments patriotiques, qui ne s'éteindront qu'avec sa vie. C'est un beau spectacle à contempler que l'homme de génie et le républicain dominant une misère incessante. »

Une étroite amitié et une admiration réciproque unissaient David d'Angers et Victor Hugo. Ils échangeaient entre eux une correspondance suivie. Le statuaire fit de lui deux bustes colossaux en marbre qu'il lui offrit. Sur l'un, il avait orné le front du poète d'une couronne de lauriers. A chaque nouveau médaillon qui faisait, il lui

en donnait un exemplaire en bronze. Hugo dédia
à son ami cette superbe pièce de vers :

A DAVID STATUAIRE

Oh ! que ne suis-je un de ces hommes
Qui, géants d'un siècle effacé,
Jusque dans le siècle où nous sommes
Règnent du fond de leur passé !
Que ne suis-je, prince ou poète,
De ces mortels à haute tête,
D'un monde à la fois base et faîte,
Que leur temps ne peut contenir,
Qui dans le calme ou dans l'orage,
Qu'on les adore ou les outrage,
Devançant le pas de leur âge,
Marchent un pied dans l'avenir !

Que ne suis-je une de ces flammes,
Un de ces pôles glorieux
Vers qui penchent toutes les âmes,
Sur qui se fixent tous les yeux !
De ces hommes dont les statues,
Du flot des temps toujours battues
D'un tel signe sont revêtues,
Que si le hazard les abat,
S'il les détrône de leur sphère,
Du bronze auguste on ne peut faire
Que des cloches pour la prière
Ou des canons pour le combat !

Que n'ai-je un de ces fronts sublimes,
David ! mon corps fait pour souffrir,
Du moins sous tes mains magnanimes,
Renaîtrait pour ne plus mourir !
Du haut du temple ou du théâtre,
Colosse de bronze ou d'albâtre,

Salué d'un peuple idolâtre,
Je surgirais sur la cité,
Comme un géant en sentinelle,
Couvrant la ville de mon aile,
Dans quelqu'attitude éternelle
De génie et de majesté !

Car c'est toi, lorsqu'un héros tombe,
Qui le relèves souverain,
Toi qui le scelles sur sa tombe,
Qu'il foule avec des pieds d'airain.
Rival de Rome ou de Ferrare,
Tu pétris pour le mortel rare
Ou le marbre froid de Carrare
Ou le métal qui fume et bout.
Le grand homme au tombeau s'apaise
Quand ta main, à qui rien ne pèse,
Hors du bloc ou de la fournaise,
Le jette vivant et debout !

Sans toi, peut-être sa mémoire
Pâlirait d'un oubli fatal,
Mais c'est toi qui sculptes sa gloire

Visible sur un piédestal.
Ce fanal perdu pour le monde,
Feu rampant dans la nuit profonde,
S'éteindrait sans montrer sur l'onde
Ni les écueils ni le chemin.
C'est ton souffle qui le ranime,
C'est toi qui, sur le sombre abîme,
Dresses le colosse sublime
Qui prend le phare dans sa main !

Lorsqu'à tes yeux une pensée
Sur les traits d'un grand homme a lui
Tu la fais marbre, elle est fixée
Et les peuples disent : C'est lui !

Mais avant d'être pour la foule,
Longtemps dans ta tête elle roule
Comme une flamboyante houle
Au fond d'un volcan souterrain.
Loin du grand jour qui la réclame,
Tu la fais bouillir dans ton âme,
Ainsi de ses langues de flamme
Le feu saisit l'urne d'airain.

Va! que nos villes soient remplies
De tes colosses radieux!
Qu'à jamais tu te multiplies
Dans un peuple de demi-dieux!
Fais de nos cités des Corynthes!
Oh! ta pensée a des étreintes
Dont l'airain garde les empreintes,
Dont le granit s'enorgueillit.
Honneur au sol que ton pied foule!
Un métal dans tes veines coule,
Ta tête ardente est un grand moule
D'où l'idée en bronze jaillit!

Bonaparte eût voulu renaître
De marbre et géant, sous ta main,
Cromwell, son aïeul et son maître,
T'eût livré son front surhumain.
Ton bras eût sculpté pour l'Espagne
Charles-Quint; pour nous, Charlemagne,
Un pied sur l'hydre d'Allemagne,
L'autre sur Rome aux sept coteaux.
Au sépulcre prêt à descendre,
César t'eût confié sa cendre,
Car c'est toi qu'eut pris Alexandre
Pour lui tailler le Mont-Athos!

28 Juillet 1828.

La veuve du roi de Naples demanda au statuaire d'exécuter la statue de Murat, mais il refusa. « Je ne puis, écrit-il, vaincre mes scrupules à l'égard du monument de Murat ; il m'est impossible d'oublier que cet homme a tourné ses armes contre sa patrie. Rien au monde ne peut excuser une semblable action, à mes yeux.

« Si j'ai pris parti pour Murat, pendant son séjour en Italie, ce n'était pas pour lui-même, mais pour la Liberté, car il venait de s'engager à émanciper l'Italie, mais le cas échéant, je n'en eusse pas moins refusé de me charger de sa statue. »

Ce n'était pas la seule preuve d'indépendance que devait donner David. Sculptant le buste de Cuvier, il avait décliné devant Talleyrand, dans son atelier, l'honneur de reproduire ses traits. Sollicité par le prince Louis Napoléon, qui le lui demande par écrit, en lui envoyant un croquis, que je possède, de faire la statue de la reine Hortense, le statuaire républicain a le bonheur d'apprendre par le prince que son choix s'est définitivement fixé sur le sculpteur Bartolini, ce qui lui évita de lui adresser un refus certain. M. Vatout, directeur des Bâtiments civils, vint lui demander de faire le buste du Roi, il refusa. Il en fut de même, en 1835, pour le monument de l'amiral de Rigny, mort ambassadeur à Naples.

Après la mort tragique du duc d'Orléans, des amis de Saint-Omer demandèrent à David d'élever une statue à ce prince. Il exprima le regret « *de ne pouvoir élever une statue à un jeune homme qui n'avait pas encore mérité un si grand honneur* ».

Plus tard, en 1842, bien que le général de Feuchères, à la suite des procès scandaleux de sa femme, n'eût pas accepté la succession de celle-ci après sa mort et qu'il eût abandonné sa fortune aux Hospices de Paris, ainsi qu'à des établissements hospitaliers de Nîmes, David ne se sentit pas la force d'accepter l'offre du maire de cette ville d'élever une statue au général.

Il en fut de même pour les statues de Charette et de Cathelineau. Victor Cousin était ministre et lié d'amitié avec le statuaire, il lui offrit la décoration d'officier de la Légion d'honneur, mais il ne l'accepta pas

L'insistance du peintre J. Gigoux, son ami, le poussait à accepter les travaux du tombeau de

Napoléon Ier aux Invalides, qui eussent pu justifier
cette élévation dans l'ordre de la Légion d'honneur, mais il ne put faire fléchir la volonté du
sculpteur. David n'eût jamais consenti à enlever
à son camarade Pradier l'exécution des douze
Renommées qu'il a sculptées. De plus, comme
toute sa vie, il n'a jamais voulu représenter que
Bonaparte général de la République.

Bien avant 1830, il était étroitement lié d'a-
mitié avec le peintre Charlet. Mais, à la Révolution de juillet, ils se séparèrent. Apprenant, au
mois d'octobre 1843, que la vie de son ancien
ami était sérieusement compromise par la phti-
sie qui le consumait, il alla le revoir, et à dater
de ce moment il ne le quitta plus jusqu'à sa
mort. Voici une lettre de Charlet à David :

« La peste a quelquefois son bon côté; ici,
c'est la fièvre : je la remercie donc de m'avoir
procuré l'occasion de te serrer la main. Il y a,
vois-tu, des hommes qui ne doivent pas être
mal ensemble et qui ne le peuvent pas, parce
qu'ils donneraient trop beau jeu aux misérables
saltimbanques qui exploitent notre pauvre pays.
Il faut que tout ce qui a quelque valeur, quelque
influence, se serre et prenne part au combat

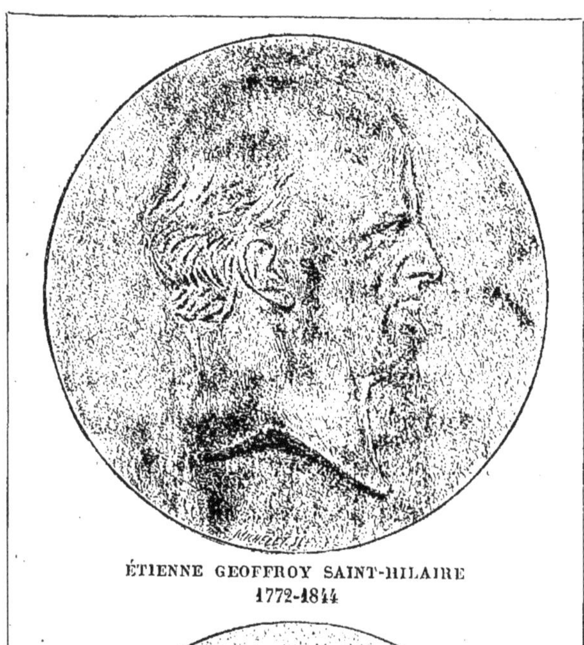

ÉTIENNE GEOFFROY SAINT-HILAIRE
1772-1844

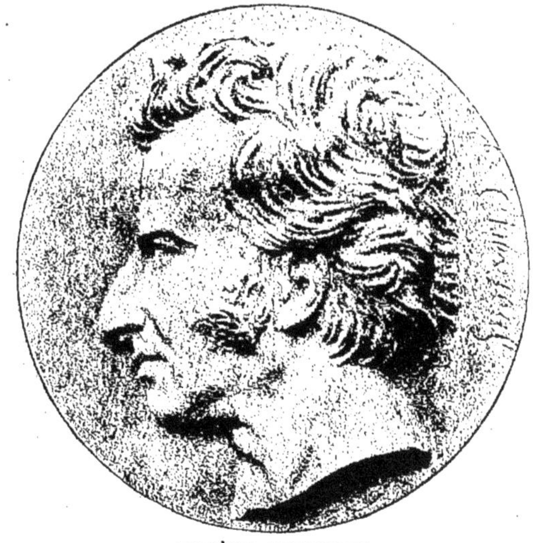

EUGÈNE CHEVREUL
1786-1889

moral qui se livre aujourd'hui, pour arrêter le flot corrompu. Nous marchons à une grande crise. Je ne sais si elle est éloignée, mais les nuages se forment et se massent. Je sens et je vois.

» Je suis très touché de ton bon souvenir de vieille camaraderie. Tu as agi en homme d'esprit et de cœur. Tu peux compter sur un retour bien loyal et bien sincère. Quoique éloigné, la haute estime que je professe pour ton talent m'a toujours tenu dans les rangs de tes amis et admirateurs qui sont nombreux. Mais, tu le sais, on a ses ennemis et ta haute position excite l'envie, mais les ennemis et les envieux sont nécessaires comme la bile.

» Je vais bien, l'appétit *elle est bonne*, mais la jambe *y va mal*, le couturier est affaibli.

» N'étant pas trop en état d'aller te voir, tu m'excuseras et ne me taxeras pas d'indifférence.

» Bonjour et bonne amitié,

» CHARLET.

« 21 Octobre 1843. »

Vis-à-vis de ses camarades ou de ses collègues, il a toujours montré le plus grand désintéresse-

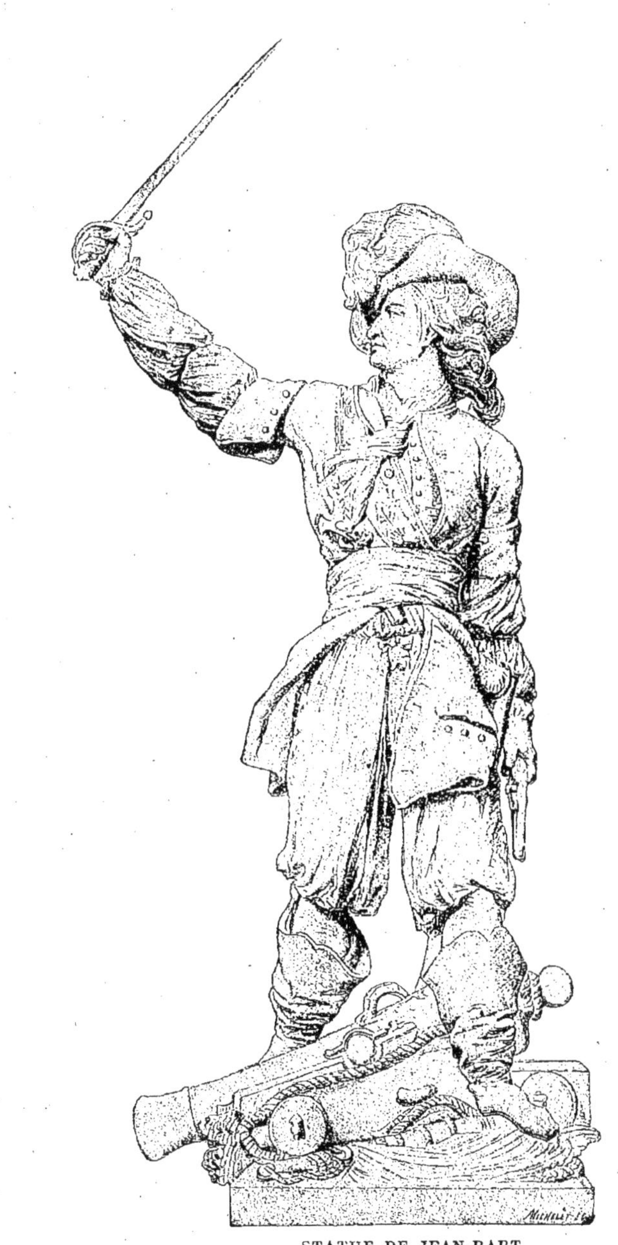

STATUE DE JEAN-BART

ment. Lorsque la ville de Nantes lui proposa de faire la statue de La Tour d'Auvergne, il se désista en faveur du sculpteur Suc, qui cependant n'exécuta pas cette figure, car ce fut Marochetti qui en fut chargé.

Lorsqu'on lui confia l'image du général Travot, il la fit offrir à son compatriote Maindron, mais on ne donna pas suite à cette commande.

Après l'enterrement de Carrel, une commission se chargea de lui élever une statue. Un article du *National*, signé Descamps, ayant proposé le sculpteur Préault, David se désista à son profit et ne céda qu'aux instances réitérées de la commission, qui voulait que les traits du grand journaliste fussent reproduits par lui.

La ville de Dunkerque s'était aussi adressée à David pour qu'il fît la statue de Jean Bart. Le statuaire Elschoët, son compatriote, éprouva un grand chagrin de ne pas être chargé de ce travail. Ce ne fut que la main forcée par la commission, dont les membres ne voulaient d'autre statuaire que David pour reproduire l'image du vaillant marin, que celui-ci y consentit.

VIII

Ses Élèves.

David d'Angers avait toujours eu pour ses élèves les attentions les plus touchantes. Il les conseillait et les dirigeait dans l'atelier de la rue du Regard, où il leur prodiguait ses savantes leçons. Chez lui, le matin, rue d'Assas, c'était une procession de jeunes gens lui apportant soit une maquette, soit une esquisse peinte ou dessinée pour recevoir de lui un avis salutaire. Il avait le don de ne jamais décourager les efforts d'un jeune artiste. Toutefois lorsqu'il entrevoyait un avenir par trop douteux chez un jeune homme, il essayait de le détourner d'une carrière qui, sans le conduire à une notoriété certaine, pouvait l'entraîner dans la misère. Combien n'ont pas compris ses sages conseils ! Il ne voulait pas non plus de favoritisme pour ses propres élèves et il fut obligé de fermer son atelier. Dans une lettre à son ami Victor Pavie, voici ce qu'il lui écrit sur ce sujet, en 1842 :

« Après vingt-deux années de tendre et constante sollicitude, mes élèves viennent de me quitter. Afin que mes absences ne nuisissent pas trop à la direction de leurs études, j'avais prié M. Husson d'aller constamment leur donner ses conseils. Ils sont venus me demander un autre maître. Je les ai d'abord recommandés à M. Petitot, qui a refusé, puis à M. Rude qui a accepté. Ils ont aussitôt écrit une lettre de remerciements signée de tous à ce dernier, et je suis rentré dans ma solitude...

» Pourquoi auraient-ils eu quelques égards envers un homme qui leur avait donné ses leçons gratuites, qui en avait sauvé plusieurs de la conscription, aidé certains autres de sa bourse lors des concours du prix de Rome, qui leur avait prodigué des consolations quand ils étaient malades. En étant polis, je ne dis pas reconnaissants, ils n'eussent pas été les enfants de ce temps d'égoïsme et d'ingratitude. Je sais bien qu'ils me reprochent de ne leur avoir donné ma voix dans les concours qu'à mérite égal avec leurs concurrents, de l'avoir toujours réservée aux élèves des autres maîtres, lorsque ceux-ci la méritaient mieux que les miens. Je sais bien qu'ils peuvent me dire que les autres maîtres n'ont pas montré, toujours, tant de scrupule, mais ma conscience m'est trop chère pour la sacrifier en aucune occasion et ma vie prouvera que je ne suis pas républicain de nom seulement... »

Tous cependant n'abandonnèrent pas leur professeur et plusieurs d'entre eux continuèrent à travailler avec David dans ses ateliers; Allasseur, Daumas, Soitoux furent de ceux-là. Les peintres Lenepveu, originaire d'Angers, et Ernest Hébert, devenus célèbres et membres de l'Institut, ne négligèrent aucune occasion de prouver à leur maître leur reconnaissance touchante.

David avait pour praticien un de ses camarades de l'école des Beaux-Arts, nommé Legoupil. Outre l'habileté dans l'exécution de la mise au point du marbre, il savait s'arrêter au moment où le statuaire, si habile à sculpter cette noble matière, devait lui donner la vie. Le dévouement du père Goupil, comme on l'appelait, pour celui qui était devenu son patron, ne se démentit pas, même après sa mort. En effet, par son testament, il laissa une somme de 3,000 fr. pour faire le moulage d'œuvres de David manquant au musée d'Angers.

Le Val-de-Grâce vit s'élever dans la cour d'honneur la statue du baron Larrey, chirurgien de l'armée d'Égypte, celui dont Napoléon disait : « L'homme le plus honnête que j'aie connu. » David l'avait connu aussi et fut aussi le plus intime ami de son fils le baron Hippolyte Larrey, chirurgien distingué, membre de l'Institut.

Le frère du général Gobert avait en mourant laissé un testament pour fonder un prix à l'Institut et élever une statue à son frère tué en Espagne. David d'Angers fut chargé de ce monument. Le général est représenté au moment où il est tué. Son cheval se cabre sur le guerillas qui vient de décharger sur lui son arme. Ce monument élevé au Père-Lachaise coûta au statuaire une somme énorme. Il avait voulu se servir du marbre français des Pyrénées à Saint-Béat, et le bloc colossal nécessita la construction d'un pont sur le Gave, d'un chariot spécial traîné par douze paires de bœufs, et

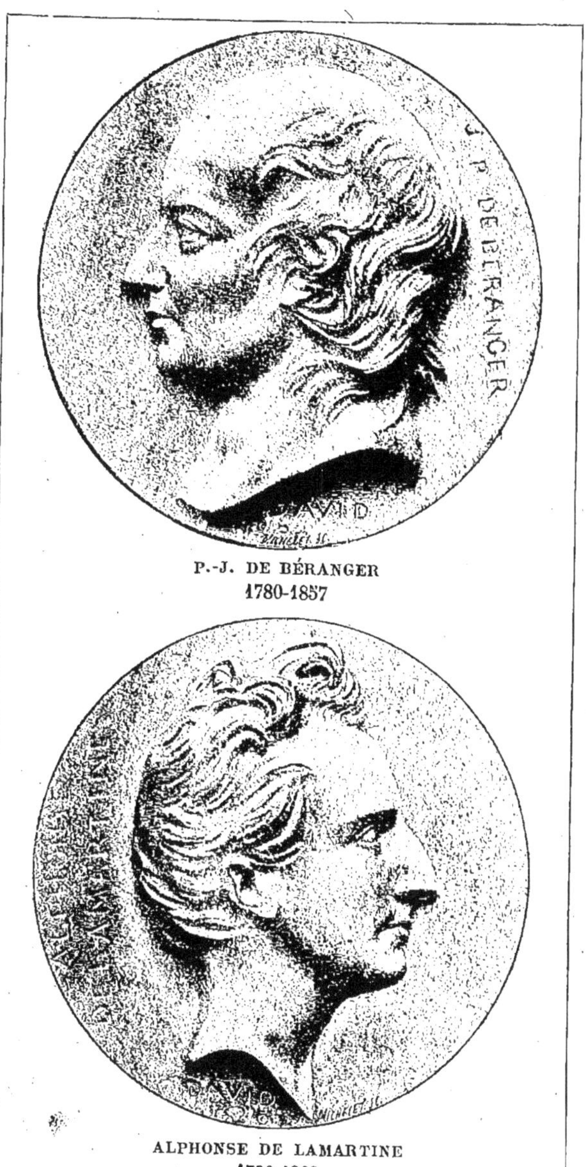

P.-J. DE BÉRANGER
1780-1857

ALPHONSE DE LAMARTINE
1790-1869

arriva au cimetière avec les plus grandes difficultés.

Comme le fronton du Panthéon et la statue
de Philopœmen, cette œuvre fut payée, mais la
somme qui lui fut allouée ne figura que pour
peu de chose dans les dépenses auxquelles l'en-
traîna l'exécution de ce travail. Quant aux
autres statues et à la plupart de ses bustes qui
furent, ceux-ci, presque tous exécutés gratuitement, le statuaire ne se faisait rembourser que
les frais du moulage et la fonte en bronze, ou
bien le marbre de ceux qui lui étaient comman-
dés. Son travail n'était jamais compté dans les
frais. Il le considérait comme sa part de souscription.

Pendant le carnaval, un soir d'hiver, David,
en se promenant, passa devant l'Odéon. Il y
avait bal masqué. S'étant arrêté, il regardait
cette foule bariolée et bruyante qui avait beaucoup plus l'air de s'amuser que ce n'était en
réalité, lorsqu'il se voit examiné par un grand
gaillard drapé dans un manteau et portant un
faux nez avec de grandes moustaches. Comme
il avait changé plusieurs fois de place, il avait
chaque fois revu ce singulier masque l'obser-

vant. Intrigué vivement, il ne pouvait retrouver dans ses souvenirs où il avait rencontré cette tournure-là.

Comme il faisait froid, il reprit la rue de Vaugirard pour regagner la rue d'Assas, où il demeurait. L'homme drapé le suivait à distance. Place des Carmes, au détour de la rue d'Assas, l'ombre du masque qu'accentuait la lune, paraissait se rapprocher de lui, David arma le pistolet qu'il portait toujours sur lui depuis son assassinat. L'ombre diminue, il hâte le pas, frappe à la porte cochère du 14, qui ouverte à l'instant lui permit de mettre entre lui et celui-là même qui pour la seconde fois voulait l'assassiner, une barrière infranchissable. Il entendit des invectives, des menaces et un coup violent porté dans la porte. Le lendemain, on voyait dans le bois épais de cette porte l'empreinte d'un coup de poignard porté d'une main furibonde.

A quelques jours de distance, David fut renversé place Saint-Sulpice par un cabriolet, au moment où il venait de descendre de l'omnibus avec son fils. Grâce à sa présence d'esprit, grâce aussi à sa préoccupation de sauver son enfant qu'il avait rejeté loin de lui, il en fut quitte pour sentir une roue lui passer sur le bout de sa botte.

Un autre accident, plus grave celui-là, lui arriva dans le Midi où il voyageait en poste avec sa femme et son fils. Ils allaient à Carcassonne pour voir la famille de son ami Barbès (1), alors prisonnier au mont Saint-Michel. A un relais, un jeune postillon inexpérimenté se laissa gagner par les chevaux à une descente en sortant de Montréal. Chevaux et voiture, moins le jeune postillon qui était sauté par terre, roulèrent sur un talus en contre-bas de la route. Par un hasard providentiel les trois voyageurs ne reçurent que des contusions, mais ils eurent plusieurs blessures saignant fort. David en avait une à la tête près de celle qu'il avait reçue lors de son assassinat. On transporta les blessés dans une charrette jusqu'à Carcassonne chez Mme Carles, sœur de Barbès, ami politique de David d'Angers.

Le maître de poste responsable de cet acci-

(1) Armand Barbès, célèbre révolutionnaire, né à la Pointe à-Pître (Guadeloupe) le 18 novembre 1809, mort à La Haye (Pays-Bas) en juin 1870.

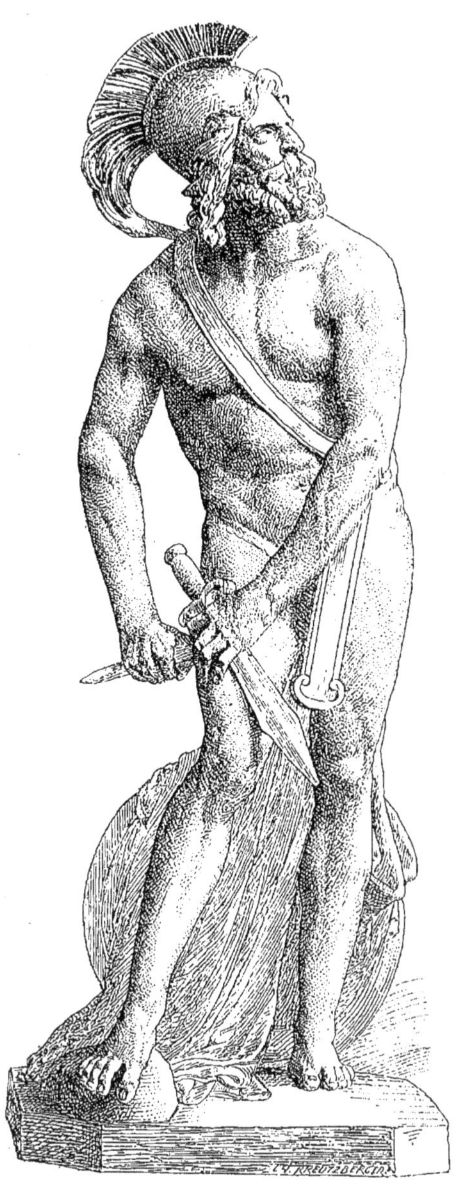

STATUE DE PHILOPŒMEN

dent, qui eût été sûrement condamné, s'en vit exempté par la Révolution du 24 février 1848. David d'Angers, en effet, se consacra tout entier à ce grand événement.

Voici une belle lettre inédite écrite par David, le 4 juin 1846, à son ami Barbès.

« Combien je suis sensible, mon cher et honorable ami, à ce qu'au milieu de toutes vos souffrances et de tous les ennuis qui vous accablent vous me conserviez toujours un souvenir. Si j'ai si longtemps tardé à vous répondre, c'est que j'ai été malade et obligé ensuite à un voyage.

» J'ai trouvé, à mon retour, le petit paquet de M. de Lamennais pour vous que je regrette extrêmement de vous envoyer si tard, car je sens ce qu'une lettre d'un homme comme notre illustre ami, peut apporter d'adoucissement à une âme comme la vôtre.

» Votre dure captivité est partagée de cœur par tous les patriotes désespérés de ne pouvoir, pour l'instant, vous offrir que des vœux stériles. Pourtant, malgré les malheurs et les infamies de toute espèce, sous lesquels se courbe maintenant le front autrefois si radieux de la Patrie, nous ne devons jamais désespérer d'une cause

qui compte dans ses rangs des cœurs aussi noblement dévoués que le vôtre.

» Je m'occupe actuellement de la composition d'une médaille commémorative des derniers événements de Gallicie. Il faut croire que
ces affreux massacres, page sanglante que l'histoire joindra aux plus épouvantables excès des
temps de barbarie, secoueront enfin la torpeur
de notre génération de *Rail-ways*.

» Je représente la Liberté appuyée sur un fusil,
écrivant avec une baïonnette sur une potence
les noms à jamais infâmes de Metternich et de
Brandt, les éditeurs responsables de leurs
maîtres.

» Je joins au livre de M. de Lamennais une
épreuve de mes médailles des frères Bandiéra
et des quatre sergents de la Rochelle que je
vous prie d'accepter.

« Adieu, mon bon et noble ami, patience et
courage ; croyez a tout mon dévoûment de cœur. »

IX

Vie politique.

Lamartine, membre du Gouvernement provisoire, offrit à David d'Angers la direction des musées nationaux et la mairie du XIe arrondissement d'alors, quartier Saint-Sulpice et du Luxembourg. Mais le statuaire n'accepta que la mairie, cette fonction étant gratuite, tandis que l'autre était rétribuée.

» J'allai, écrit David, avec les citoyens qui insistaient pour que j'acceptasse les fonctions de maire, à travers les barricades encore teintes de sang et jonchées de cadavres, jusqu'à l'Hôtel de Ville. Là je trouvai les membres du Gouvernement provisoire. Lamartine m'offrit une écharpe tricolore. C'est la seule dépense que j'aie occasionné à la République. »

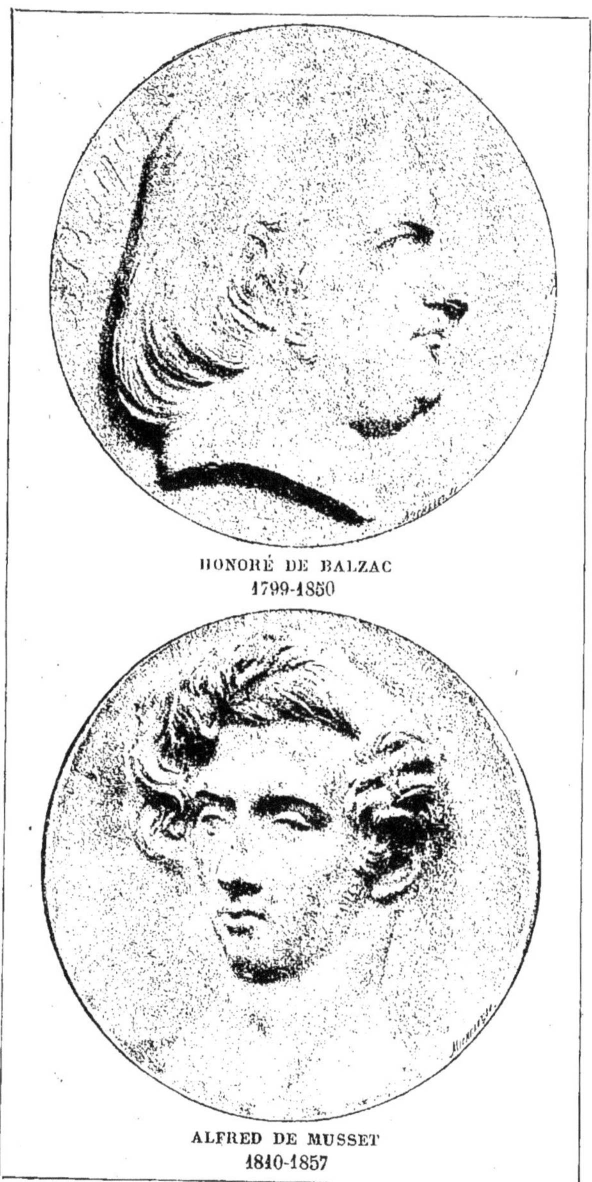

HONORÉ DE BALZAC
1799-1850

ALFRED DE MUSSET
1810-1857

A la date du 15 mars 1848, David, dans une lettre à Victor Pavie, s'exprime ainsi :

« Cher ami,

» Ces quelques lignes sont écrites pour te prouver qu'au milieu des innombrables difficultés qui viennent m'assaillir de toutes parts ton cher souvenir m'est toujours présent.

» J'ai assisté au plus grand, au plus noble spectacle qu'il soit donné à l'homme de voir, pendant les trois journées révolutionnaires. Nuit et jour, je n'ai pas quitté les barricades et suis plein d'admiration pour ce grand et sublime peuple se présentant la poitrine nue devant des masses innombrables de baïonnettes, poussé seulement par cet instinct de la sainte liberté. Qu'ils sont grands ces généreux républicains ! Et comme il fallait que ce sentiment fût profondément imprimé dans les âmes pour qu'il mît en mouvement toute cette masse d'hommes !

» A trois heures du matin, lorsque les barricades étaient encore toutes fumantes de poudre et teintes d'un sang généreux, je m'étais couché tout habillé afin de prendre quelques instants de repos. Plusieurs citoyens vinrent m'annoncer qu'on m'avait nommé maire, et au même instant un exprès m'apporte ma nomination de directeur des musées nationaux. Je répondis aussitôt que je refusais cette place et je me rendis à mon poste de maire, Depuis, j'ai refusé deux fois d'être chargé de la direction des arts au ministère de l'intérieur. Je crois qu'en acceptant le poste périlleux de maire, j'ai été utile, car le peuple me connaît et j'ai empêché des malheurs inévitables dans les circontances que nous traversons et où toutes les passions sont en lutte.

» Il y a deux jours, j'ai reçu une lettre du maire de Dunkerque, qui m'annonçait qu'une rue à laquelle on avait autrefois donné le nom de la rue de Chartres, portait actuellement celui de *David d'Angers*. J'en ai été d'autant plus heureux que le nom de notre chère cité, qui déjà parcourt les mers sur la proue d'un vaisseau, se trouve aujourd'hui inscrit sur les murs d'une ville française.

» Tout marche bien à Paris. On commence à comprendre que le Gouvernement républicain est désormais possible. Les partis se rendent compte de ce que la République peut soulever la tempête et la calmer... Toutefois, le calme ne

peut pas se manifester immédiatement après une
commotion aussi grandiose. Quand un vaisseau
va sombrer, s'il s'en trouve un qui recueille les
passagers et leurs bagages, il doit nécessairement exister, sur le navire sauveur, un très
grand désordre, mais avec un peu de temps cha-
cun retrouvera sa case et l'ordre renaîtra.

» Adieu.

» *P. S* — Depuis la Révolution, je n'ai pas remis
le pied dans mon atelier. Avant d'être artiste, il
faut être citoyen, voilà ma devise. »

Le 23 avril, porté candidat dans les départements de la Seine, de l'Hérault et de Maine-et-
Loire, il eut la grande satisfaction de recevoir
de sa ville natale le mandat de représentant du
peuple.

A l'Assemblée nationale il siégeait à gauche
entre Guinard et Étienne Arago. Plus tard, le
prince Louis-Napoléon vint siéger au-dessous de
lui. David soutint la cause de l'Académie de France
à Rome et celle de l'école des beaux-arts à Paris.
Il faisait partie de toutes les commissions ayant
rapport aux arts, s'efforçant de faire avoir des
travaux aux artistes en proposant, entre autres,

une décoration du Panthéon à laquelle peintres, sculpteurs, graveurs même devaient coopérer.

Un amendement proposé par lui et par lequel chaque membre du Gouvernement provisoire devait recevoir une médaille commémorative, comme témoignage de reconnaissance, ne fut pas pris en considération.

Dans un bureau de l'Assemblée, le septième, dont il faisait partie, il s'agissait de statuer sur le retour du prince Louis-Napoléon en France ; David motiva ainsi son vote par écrit :

« Citoyens représentants,

» Chaque représentant doit, selon sa conviction, compte de son vote aux citoyens qui l'ont nommé. Le rapporteur de votre septième bureau a dit que l'admission de Louis Bonaparte avait été unanime, moins une voix, dans ce bureau. Cette voix est la mienne, car j'ai toujours pensé que le vote de l'Assemblée pour l'admission serait le premier coup de poignard porté à la République. »

Plus tard, il devait payer de l'exil cette lettre si fière et si juste dans son pressentiment de l'avenir.

La réaction relevait la tête. Le prince conspirateur, rentré en France, se servit du prestige du nom de Napoléon pour ameuter autour de son ambition la populace à laquelle se laissa mêler une grande partie du peuple qu'il corrompait à prix d'argent. Les terribles journées de juin déchaînèrent une guerre des rues violente que le Gouvernement finit, non sans peine, par réprimer.

David d'Angers, son insigne de représentant à la boutonnière, son écharpe en sautoir pour qu'elle fût plus apparente, profitait de ce qu'il était très connu dans le peuple pour parcourir les quartiers insurgés et parlementer sur les barricades. Mais sa voix n'était pas entendue. Plusieurs fois même il courut de grands dangers. Un jour, que lui et trois de ses collègues de l'Assemblée, dont Victor Hugo, étaient venus près de la place Maubert pour tâcher de calmer l'insurrection, il dut se réfugier à la Pitié où M. Serres, le médecin en chef, lui donna l'hospitalité, dont il ne put profiter longtemps, car on voulait le prendre comme otage, les insurgés ayant déjà escaladé le mur de l'hôpital. Quelques mobiles arrivés à temps le protégèrent.

Le dernier jour de l'insurrection, l'état-major de la garde nationale d'Angers, qui était venue prêter main-forte à la répression républicaine et qui logeait rue d'Assas chez David, n'entendant plus gronder le canon, croyait avec raison à la fin de cette lutte fratricide. Au milieu du silence qui régnait, on entendit un coup de fusil, puis une balle siffler. Au même instant, les officiers sortis dans la rue virent David déboucher de la place des Carmes, venant de la mairie. C'est sur lui qu'on avait tiré. Une enquête n'a pu faire savoir qui avait tiré, mais le statuaire connaissait bien la maison d'où était parti le coup.

Le 21 août de la même année il remit sa démission de maire entre les mains de M. Trouvé-Chauvel, alors préfet de la Seine.

On peut résumer en peu de mots son passage à la mairie du XIe arrondissement. Courage, justice, dévouement poussé jusqu'au péril de sa vie. abandon de sa fortune jusqu'à la prodigalité. Il fit démolir la prison politique du Luxembourg, et dans les premiers jours de la Révolution de Février, il empêcha que l'on mît le feu au séminaire de la place Saint-Sulpice.

Le 13 mai 1849, il ne fut pas réélu à l'Assemblée législative. Il n'avait demandé sa réélection à aucun autre département que celui de Maine-et-Loire, et l'échec qu'il subit dans son pays natal lui fut particutièrement sensible.

Pendant qu'il fut représentant à la Constituante, David d'Angers donna généreusement la *totalité* de son traitement aux bureaux et établissements de bienfaisance d'Angers et de Paris.

Rentré enfin dans ses chers ateliers, il fit la statue du général Drouot et celle de Mathieu de Dombasle, l'agriculteur. pour la ville de Nancy. Puis il commença celles de Casimir Delavigne et de Bernardin de Saint-Pierre pour le Havre. De ces deux statues inaugurées en 1852, pendant son exil, l'une, le Bernardin de Saint-Pierre, était donnée par-dessus le marché.

Un peu après, sur la demande de son ami le docteur Civiale, il donne à Aurillac la statue de Gerbert, pape sous le nom de Silvestre II, dont la commission lui paya le bronze.

X

Exil.

Le 2 décembre 1851, éclate le coup d'État. La troupe avinée mitraille les innocents sur les boulevards. Les rares barricades sont enlevées par les soldats qui ne font grâce à personne, pas même aux femmes ; on emprisonne les questeurs de la Chambre, les députés, tous les hommes politiques que l'on savait ne pas devoir accepter l'Empire. Tous les jours apportaient de longues listes de proscrits lorsqu'un matin, le 9 décembre à six heures, un commissaire de police, M. Montval, que David avait empêché d'être révoqué en février 1848, vint avec ses agents l'arrêter à son domicile, rue d'Assas.

Il était encore au lit. Le commissaire s'excuse devant son bienfaiteur et lui montre le mandat qu'il a le regret d'être obligé de faire exécuter. David se lève, prend dans un foulard quelques menus objets et, sur la question du commissaire qui lui demandait « s'il avait des armes? » lui ayant répondu : « Les voilà ! » en montrant ses œuvres il monta en voiture.

On le conduisit au dépôt de la préfecture de police, où il fut écroué Pistole n° 7 (1), où il se trouva avec une masse de prisonniers, parmi lesquels Buchez, l'ancien président de la Chambre, et le docteur Cerise.

David écrivait à sa femme :

Du Dépôt de la préfecture. Pistole n° 7.

Mardi 9 décembre 1851.

« Chère amie,

» Je suis à la préfecture de police. Je vous embrasse tous.

» A toi de cœur.

» PIERRE-JEAN DAVID D'ANGERS.»

La salle où ils étaient entassés était sordide;

___

(1) Dans le volume publié chez Plon. *David d'Angers et ses relations littéraires*, figure une lettre du statuaire datée de la Pistole n° 7. On désignait sous le nom de Pistole, une partie de la prison où les détenus habitaient et se faisaient servir à leurs frais.

ni jour, ni air ; c'est là que, en temps ordinaire,
on enfermait les filles publiques. On leur servait
à manger dans une écuelle en bois, un seau nau-
séabond était dans un coin. La nuit, on entendait
les rires des soldats faisant bombance et des
détonations d'armes à feu assourdies par les
voûtes.

La confusion était extrême. Elle fut favorable
à David. Voici comment. Bien que les voitures
cellulaires fussent insuffisantes pour emporter
dans les forts et les casemates tous les prisonniers agglomérés à la préfecture, on avait requis
d'autres véhicules. Cependant David ne fit partie d'aucun de ces convois.

M. Ballan, le directeur du dépôt, avait fait monter la femme du statuaire et son fils, qui étaient
venus le voir, sitôt la nouvelle reçue de l'endroit
où il était emprisonné, dans son appartement
particulier, dont la porte était cachée derrière
la grande porte du dépôt. Chaque fois qu'on faisait l'appel des prisonniers pour les envoyer
dans les forts et de là à Cayenne comme tant
d'autres, le directeur faisait monter David chez
lui.

Le baran Larrey, apprenant l'arrestation de

son ami, accourut à la préfecture, supplia le
préfet, M. de Maupas, de faire venir devant lui
David d'Angers pour qu'il s'expliquât. Le préfet
le fit venir dans son cabinet. David demanda
des juges, bien que n'ayant jamais rien fait que
de manifester au grand jour les opinions de toute
sa vie. Il refusa la proposition que lui fit le
préfet de partir pour l'Amérique, de s'expatrier
en un mot, et finit par consentir à aller libre-
ment en Belgique pour laisser le gouvernement
de Louis-Napoléon faire ses élections.

On lui donna un passeport et quatre jours
pour régler ses affaires. Il partit pour Bruxelles,
le chagrin au cœur. Là, il ne voyait que peu de
monde. Sa femme et son fils venaient le voir le
plus souvent possible.

Les élections une fois faites, David se présenta à l'ambassade française pour faire léga-
liser son passeport et rentrer en France, son
nom n'ayant figuré sur aucune liste de proscription. Il lui fut répondu : « que s'il consentait à
écrire quelques mots seulement, s'engageant à
ne plus s'occuper de politique, il rentrerait de
suite. Sans cela, non, » Les ordres à cet égard
étaient formels.

Rongé par le chagrin, il eut l'idée d'aller en Grèce pour réaliser enfin, bien que certes dans d'autres conditions, ce rêve de sa jeunesse à la villa Médicis. Comme son fils étudiait la médecine, il ne voulut pas le distraire de ses études. Mme David lui conseilla alors d'emmener sa fille. alors âgée de quinze ans.

Après avoir gagné Trieste, après une foule de tracasseries dans les légations intermédiaires, David arriva enfin à Athènes. Là, non seulement la nostalgie de la patrie s'était accentué, mais les désillusions, à part quelques consolations passagères qu'il rencontra dans la contemplation des monuments et de leurs débris, augmentèrent tous les jours. Il voyait Démosthène épicier, Aristide marchand de légumes, et ne retrouvait les Grecs qu'il avait vus dans Plutarque. Il éprouva surtout une émotion bien pénible en voyant à Missolonghi, sur le tombeau de Marcos Botzaris, sa « Jeune Grèce » mutilée et couverte d'inscriptions obscènes déposées sur ce chef-d'œuvre par les voyageurs et les Grecs de la décadence. La grande chaleur d'Athènes le força à aller à Ceffizia chercher un gîte plus frais. Il fit pendant son séjour le buste de Canaris, le brûleur de vaisseaux, et le médaillon de sa femme.

La reine de Grèce affectait de diriger ses promenades à cheval du côté de la demeure du statuaire français, mais rien ne pouvait le distraire de sa solitude, ni lui faire perdre de vue son retour dans la patrie près de sa femme, de son fils et de ses amis. il avait fait à Athènes la connaissance d'Edmond About qui, à l'occasion de la mort de Pradier, avait parlé de David d'Angers exilé et pris sa défense de telle façon qu'il faillit se faire renvoyer de l'École française.

Malade, ne pouvant plus y tenir, il partit avec sa fille pour Nice, afin de se rapprocher de la France. Là il retrouva sa femme et Jean Reynaud, son ami. Ceux-ci, venus au-devant de lui, ne le reconnurent pas d'abord, tant il était vieilli et changé. Le bonheur de se retrouver plus près de sa femme, plus près de sa chère France, en compagnie d'un ami comme l'auteur de *Terre et Ciel*, le remirent bientôt, et, ne voulant plus l'exposer dans les ambassades françaises aux mêmes propositions de lâcheté, Jean Reynaud lui remettait, quelques jours après, un passeport tout signé envoyé par Béranger, avec lequel, la tête haute, il rentre enfin dans sa chère France.

Une petite ovation l'attendait à la frontière.
« L'agent du gouvernement, écrit-il, chargé de
» la vérification des passeports, entouré de gen-
» darmes et de douaniers, est venu au-devant de
» moi et m'a dit : « Je suis enchanté, monsieur,
» de voir l'une de nos plus grandes illustrations
» rentrer dans son pays. »

XI

La fin d'une belle vie.

Arrivé rue d'Assas, il retrouva sa statue de Bichat, qu'il commençait au moment de son arrestation. Pendant son exil son fils avait, à grand'peine, empêché la terre séchée de se fendre et, profitant de ses études anatomiques, avait, sans que son père s'en doutât, modelé les muscles du sujet qui se trouve derrière la statue.

La santé de David avait, par les terribles émotions qu'il avait éprouvées, reçu une grande atteinte. Il se remettait au travail, mais ses forces le trahissaient ; lui qui, toujours debout autour de ses bustes ou sur les échafauds de ses statues, grimpant et descendant sans cesse pour juger ses effets, ne s'arrêtait que forcément par une visite ou pour fumer en pensant à son œuvre, il était obligé à chaque instant de se reposer et ne se sentait plus la force qu'il avait auparavant.

Ne voulant pas se laisser aller au découragement, comme diversion, il entreprit avec sa famille, qui ne le quitta plus, un voyage dans le Midi. Après une station aux eaux de Barèges, dont il avait déjà éprouvé de bons et salutaires effets, il visita le nord de l'Espagne, depuis Saint-Sébastien, Pampelune, Saragosse jusqu'à Tortosa, où habitait un jeune parent de sa femme, M. Paul Leferme, ingénieur des ponts et chaussées, chargé par le gouvernement espagnol de la canalisation de l'Èbre jusqu'à la mer. Dans ce voyage, il a écrit des notes intéressantes sur les monuments, et tout ce qui avait frappé son imagination.

A son retour d'Espagne, il est frappé cruellement dans ses amitiés : François Arago, le grand astronome, venait de mourir. Quelques mois après, le 16 février 1854, il apprend que M. de Lamennais était mourant. Il alla de suite le voir, fut assez heureux pour qu'il le reconnût encore et assista à ses derniers moments.

Manin, le grand citoyen de Venise, venait de perdre sa fille. David, qui avait pour lui une grande amitié, en éprouva un grand chagrin. Il modela son médaillon, qui fut l'avant-dernier de sa collection. Le dernier fut celui du peintre Rosa Bonheur.

Un sujet le préoccupait constamment, il voulait faire un groupe représentant l'*Abolition de l'esclavage*, mais il ne put le commencer, pas plus que d'autres projets de statues qu'il méditait depuis longtemps.

En 1855, le 6 juillet, la ville de Neuchâtel inaugurait la statue de *David Purry*, banquier et bienfaiteur de cette ville. Quelque temps après avait lieu, à Angers, celle de la statue du roi René, dont le piédestal est orné de douze statuettes qui constituent une belle page d'histoire locale.

David d'Angers n'assista pas à cette solennité, mais il voulait, se sentant malade, aller revoir une dernière fois ses souvenirs de jeunesse dans l'Anjou, ses vieux amis Théodore et Victor Pavie, Adrien Maillard, poètes et littérateurs distingués.

Le 3 septembre 1855, il eut à la campagne, près d'Angers, une première attaque d'apoplexie, conséquence d'une décomposition du sang amenée par les cruelles émotions que lui avait causées son exil.

Un jour que, après son retour à Paris, il errait mélancoliquement dans son atelier, autrefois si plein d'œuvres en train, il appela son fils et lui montrant l'esquisse en terre cuite qui représentait François Arago et qui devait servir pour le monument du grand astronome au Père-Lachaise : « Prends, lui dit-il, cher enfant, cette esquisse que je te donne, c'est ma dernière œuvre, garde-la précieusement. » Elle est maintenant au musée d'Angers.

Les attaques se succédèrent ; le statuaire fut frappé de la dernière le 1er janvier 1856 et le 6, il expirait, entouré de sa femme et de ses enfants, de celle aussi qui ne doit pas être oubliée, Thérèse Ollivier, dont le dévouement pendant les vingt-cinq ans qu'elle est restée au service de la famille, mérite qu'elle soit considérée comme en faisant partie.

Suivant sa volonté fidèlement exécutée et respectée, l'enterrement de David d'Angers eut lieu directement de sa maison au Père-Lachaise. Sur le parcours du convoi, suivi d'une assistance considérable, son fils conduisant le deuil avec son grand-oncle maternel, M. Ossian La Revellière-Lépeaux, il y avait un grand déploie-

ment de forces. Les postes étaient doublés. Au
cimetière, la garde municipale en grand nombre
avait le sac au dos, baïonnette au canon, tout
comme s'il se fût agi d'une émeute. Le recueil-
lement profond du cortège démontra l'inutilité
de ces précautions militaires.

Sur le caveau où le corps du statuaire fut dé-
posé provisoirement, deux discours furent pro-
noncés, le premier par Fromental Halévy, le
grand musicien, au nom de l'Académie des
beaux-arts, le second, par M. Vinet, secrétaire
de l'École des beaux-arts. Une grande partie de
ceux qui suivaient le convoi n'avaient pu pénétrer dans le cimetière dont la police défendait
l'entrée. Le statuaire Etex, n'ayant pu prononcer
un discours qu'il avait préparé, le publia dans
le journal le *Siècle*.

La foule, en se retirant, fit, sous les yeux de
la fameuse brigade centrale, une chaleureuse
ovation à Béranger, le poète et chansonnier
national, qui, par un généreux élan de son cœur,
avait permis au statuaire, son ami, de ne pas
mourir sur une terre étrangère.

Le tombeau de David d'Angers, au Père-Lachaise, est d'une grande simplicité : un bloc de

granit sur lequel est gravé son nom, et un céno-
taphe en marbre noir. Il est entouré, pour ainsi
dire, de ses plus belles œuvres : les statues en
marbre du général Foy, du général Gobert renversé mourant sur son cheval, du maréchal
Gouvion Saint-Cyr ; les bas-reliefs du maréchal
Suchet, de la comtesse de Bürcke ; les grands
médaillons de Manuel, de Daunou, de Geoffroy
Saint-Hilaire ; le tombeau de Garnier-Pagès, qui
se compose d'une tribune sur laquelle sont figu-
rés des papiers et une couronne.

Les élèves de David, dont les principaux sont :
MM. Allasseur, Soitoux, Daumas, Millet, Cabet,
Ottin, Montagny, Capellaro, Schoënewerk,
Maindron, Geoffroy-Dechaume, statuaires ; Eugène Marc, Mélin, Lenepveu et Ernest Hébert,
peintres, avaient chargé l'un deux, nommé
Toussaint, de modeler une couronne de lauriers
entre les feuilles desquels court un ruban sur
lequel se trouve cette inscription :

A David d'Angers, ses élèves.

Cette couronne, merveille de fonte à cire
perdue, est scellée dans le granit au-dessus du
nom du statuaire.

Contrairement à une croyance généralement répandue et à ce qui a été imprimé, à tort, dans plusieurs dictionnaires biographiques, où l'on attribue à David d'Angers après sa mort une grande fortune, le statuaire, né pauvre, n'a rien laissé après lui et son œuvre que sa gloire.

En général, excepté pour de rares exceptions, la sculpture, au point de vue pécuniaire, est un art absolument ingrat, ou pour mieux dire, suivant la juste expression d'Edmond About : « *Ce n'est pas la sculpture qui est un art ingrat, on est ingrat vis-à-vis d'elle, si pénible, si onéreuse à côté de la peinture.* »

A plus forte raison devient-elle plus onéreuse encore lorsqu'on travaille avec la générosité, le désintéressement de David d'Angers.

L'œuvre de David d'Angers se compose de cent vingt-deux bustes, cinquante-quatre bas-reliefs, quarante statues. Sa collection de médaillons, qui, à elle seule, eût suffi pour établir à jamais sa réputation, se compose de cinq cents et quelques portraits. Cette collection figure au musée d'Angers, et au Louvre à Paris, à la sculpture moderne.

Indépendamment de son œuvre sculpté, David

Mon cher camarade

Mme. Augustin a eu la bonté de me confier le portrait de Calamara, mon médaillon est terminé, et je voudrais inscrire le nom tel qu'il le signait. Vous m'obligeriez beaucoup si vous pouviez me donner, ou me prêter, une lettre de ce statuaire qui fut votre ami intime.

Votre tout dévoué de cœur

David

Paris 8 mai 1847.

d'Angers a laissé une quantité considérable de dessins et de croquis, ainsi que d'intéressantes notes sur les arts.

En 1880, le statuaire angevin recevait de la part de ses compatriotes la preuve touchante de l'admiration qu'ils avaient gardée pour son génie et son caractère, en lui élevant, à lui aussi, une statue. Ce fut le sculpteur Louis Noël, dont la maquette avait été classée première au concours, qui fut chargé de l'exécuter. David est représenté debout, tenant d'une main la masse du sculpteur et de l'autre l'esquisse de la *Patrie* qu'il modela au centre du fronton du Panthéon. La statue est placée près du Mail en face de la rue David.

A l'occasion du centenaire de sa naissance, de grandes fêtes eurent lieu à Angers, le 12 mars 1888. La principale eut lieu au Lycée, baptisé solennellement, à cette occasion : « Lycée David d'Angers ». Le cortège des différentes corporations suivant le maire, M. Maillé, ancien député, entouré des autorités et du corps municipal, défila devant la statue au milieu de la joie et de l'enthousiasme populaires.

NOTICE

SUR

PIERRE-LOUIS DAVID

PÈRE DE DAVID D'ANGERS

Pierre-Louis-David est né à Margency (Seine-et-Oise) le 9 novembre 1756. Il se maria à Angers, avec Marie-Françoise Lemasson, native de cette ville. Malgré une délicatesse de ciseau, qui n'a jusqu'à ce jour jamais été égalée par nos ornemanistes, il connut longtemps la gêne, mais ayant eu le bonheur d'être vivement apprécié par le célèbre architecte angevin Bardoul de la Bigottière qui l'associa à tous ses travaux, il put longuement donner l'essor à son talent et subvenir aux besoins de sa nombreuse famille, aidé aussi par son fils.

Voici la liste des œuvres, tant sur bois que sur pierre, qu'il a exécutées à Angers et aux environs :

1° Décoration du château de Fontaine-Milon — sculptures sur pierre. On prétend que les figures qui se trouvent dans l'ornementation du château sont dues au ciseau de son fils Pierre-Jean. Ce qu'il y a de certain, c'est que les dessous des figures et le devis qui les accompagne ont été faits et écrits par David d'Angers, comme le prouvent les pièces qui furent remises à M. Aimé de Soland par M. Armand de Crochard, propriétaire du château de Fontaine-Milon.

2° Le chœur de l'église-cathédrale Saint-Maurice, crédences pour le maître-autel, trône de l'évêque — sculptures sur bois.

3° Autel de la Patrie pour le Temple décadaire.

4° Hôtel de la Besnadière — sculptures sur bois et sur pierre.

5° Hôtel de Maquillé, rue du Cornet.

6° Hôtel de Livois; c'est de cet hôtel, rue Saint-Michel, qu'est sortie la majeure partie des sculptures sur bois qui sont encadrées au musée d'Angers.

7° Château de Pignerolles. Ce château est le chef-d'œuvre de l'architecte Bardoul de la Bigottière et les sculptures qui ornent le château sont les plus belles qu'ait produites Louis David.

8° Hôtel Blanchard de Pegon, places des Halles — sculptures sur bois.

9° Sculptures des salons de la Préfecture.

10° Pavillon Bardoul de la Bigottière sur le Mail.

11° Hôtel de Senones, rue David.

12° Porte de l'hôtel de M. Aimé de Soland, 32, rue David.

13º Hôtel de Lautivy, rue David et boulevard de la Mairie.

14º Château de Saint-Pan-des-Mauvets — magnifique guirlande en pierre sur la facade du château.

15º Sculptures d'un tombeau au cimetière du Clon.

16º Château de Chateaubriant, en Sainte-Gemmes — ravissantes sculptures sur pierre dans la chapelle.

17º La galerie David possède un cadre renfermant des bouquets de fleurs sur bois.

18º Le dernier travail de Louis David fut la sculpture des chapiteaux d'une maison élevée rue David, nº 44, sur l'emplacement de celle de l'historien Petrineau des Noulis.

On a de lui à Paris, à l'hôtel Ménier, parc Monceau, un cabinet sculpté en entier sur bois.

Pierre-Louis-David mourut à Angers le 18 janvier 1821.

INDEX DES PERSONNAGES

DONT LES PORTRAITS SONT REPRODUITS DANS CE VOLUME

TABLE DES ILLUSTRATIONS

TABLE DES MATIERES